JN074598

ソフトテニス ダブルス

勝つ！

試合を制する最強のテクニック50

ナショナルチーム男子監督
中堀成生 監修

感謝を忘れず、
競技に真剣に取り組もう！

ソフトテニスはとても奥深く、楽しいスポーツです。
努力を惜しまなければ必ず上達します。
私は、取り組むにあたって３つの点を大事にしています。
１つ目は、練習のとき、試合を想定しながら行うことです。
単なる練習のための練習ではいけません。
試合でどんな状況になるのかを事前に想定して、
そこで起きたことにいち早く対応する。
普段の練習での意識がけはとても大事になります。
２つ目は、普段の規則正しい生活と、
周りの方々への礼儀やあいさつを忘れないことです。
３つ目は、感謝する心を持つことです。
応援してくれる周囲の方々、チームメイトや指導者、先生、両親、
自分を支えてくれている人がいることを忘れてはいけません。
以上を意識して、ソフトテニスを真剣に取り組みましょう！

中堀成生

■本書の使い方

　本書は、ソフトテニスのテクニックや戦術を学びたいプレーヤー向けに、上達するためのノウハウを解説しています。ダブルスでのゲームを想定して、後衛と前衛のポイントや、サービスやレシーブ、ダブルスの戦術などのポイントを50項目掲載しています。各見開き完結となっておりますので、習得したい項目を選んで読んでください。

タイトル
タイトルは具体的なやり方やポイントを解説しています

ポイント **07** PART1　後衛の技術と戦術
打点の高さの打ち分け

アンダー、サイド、トップを状況に応じて使い分ける

コツ
❶腰を落として打つアンダーストローク
❷フラットに振り抜くサイドストローク
❸体重を乗せて叩くトップストローク

○ トップストロ

サイドスト

アンダース

ポイントNo.
50項目のテクニックや戦術を紹介しています

本文
紹介している技術や戦術の概要です。テクニック習得のためのポイントを整理します

自ら得点するためにトップストロークは必

　グラウンドストロークは、打点の高さによってアンダー、サイド、トップに分けられる。打点が低いほどボールにドライブ回転がかかり、安定感が生まれる。逆に、高いほど難易度が高くなるが、力強い攻撃的なショットとなる。自ら得点するにはトッ

プストロークは必須のショット。なかでもバックハンドのトップストロークは習得が容易ではない。それらのレベルアップのためにフォアとバックのそれぞれの打ち方をマスターし、実戦で状況に応じて使い分けられるようにしたい。

できないときはココ
紹介している技術や戦術が上手くできないときの一言アドバイスです

コツ
技術や戦術のコツを各2〜3つ紹介しています。
ここを押さえておくだけでもOKです

コツ 1 アンダーストロークは腰を落として打つ

ヒザを曲げて腰を落とすのがポイント。低い軌道でスイングを開始し、インパクトの瞬間、ラケット面はグリップより低い位置に来る。インパクト後はラケットを上方向に振り上げるとドライブ回転がかかる。

コツ 2 サイドストロークはフラットに振り抜く

打点は腰あたりの高さなので、アンダーストロークより重心は高め。ラケットを地面と平行に振り抜き、ボールをフラットに捉える。中級者以上は、スピードとパワーを兼ね備えたこのショットが基本になる。

コツ 3 トップストロークは体重を乗せて叩く

チャンスボールを得点するためのトップストローク。ラケットを立ててテイクバックを行い、肩より高い高さで地面と平行に振り抜く。ボールに体重が乗っていれば、インパクト後、右脚が自然と跳ね上がる。

できないときは ココ

バックハンドも腰の回転と体重移動を意識しながら、打点を打ち分ける。とくにトップストロークはカラダ全体を使う。

チェックしよう!

☐ アンダー、サイド、トップのそれぞれの打ち方をマスターできているか
☐ 乱打中、来るボールに応じて打ち分けられているか
☐ バックハンドも打ち分けられているか

31

チェックしよう
紹介している項目で、できたこと、できなかったことをチェックして次へつなげましょう

5

CONTENTS

ソフトテニス　勝つ！ダブルス
試合を制する最強のテクニック50

※本書は2014年発行の『勝つダブルス！ソフトテニス　最強のポイント50』を元に加筆・修正を行っています。

ソフトテニス上達に欠かせない三ヵ条

PART1 後衛の技術と戦術 ……………………………… 17

PART2 前衛の技術と戦術 ⋯⋯⋯⋯⋯⋯⋯ 51

Column

其の一

ゲームプランを練ろう！

得意なパターンに持ち込むことを目指し
試合ごとに戦い方を変える

後衛の特性や前衛の持ち味を生かし、自分たちの得意なパターンで得点していく。ソフトテニスでは、そうした戦い方が理想だが、試合では相手がそうさせまいと向かってくる。

自分たちも常にベストの状態で試合に臨めるとは限らない。むしろ好不調の波があるのが普通だ。さらに、気象コンディションやサーフェスの違いもプレーに大きく影響してくる。

そう考えると、得意なパターンに持ち込むことを目指しつつ、試合ごとに戦い方を変える必要も出てくる。それがゲームプランになる。

たとえば自分が打ち合いを得意としていても、相手がそれ以上にストローク力があったなら、打ち合いに持ち込むよりロビングやショートボールで揺さぶった方が勝機は増える。いつもは武器となるアンダーカットサービスも、強風の日は封印した方がいいこともある。

過去に対戦したことがある相手との試合では、その時の内容をもう一度整理して臨めばいい。当然、相手も自分たちのことをわかっているはずなので、同じように攻めるのか、あえて前回とは違う戦い方をするのか、あらかじめゲームプランとして練っておきたい。よく知らない相手との対戦でも、焦らずに試合前の乱打や序盤の戦い方を見て、対応していく。

そしてゲームプランは、ペア間で共有しておかなければならない。ペアが別々のプランでは良いプレーなどできないからだ。あらかじめ話し合い、しっかりプランを練ってから試合に入っていこう。

其の二

ゲームの主導権を握ろう!

試合が始まったらできるだけ早い段階で
相手より先に主導権を握る

ゲームプランを練って試合に入ったら、次に主導権を握ることを考える。

主導権とは、自分たちが先に相手を動かすこと、とも言い換えられる。相手がクロス展開のラリーをしたいなら、自分たちが先にストレート展開を作ってしまう。そうした動きは典型的な主導権の握り方だ。

ただ、物理的に相手を動かすだけが、主導権を握ることではない。たとえば相手はスタミナに自信がなく、その前衛がラリーが長引く前にポーチに出ようとしている素振りが見えた。だとしたら、ロビングを多用し、長期戦に持っていくことで有利になるだろう。用意していたゲームプランを変えざるを得ない状況に相手を追い込むことも、主導権を握ることに含まれるわけだ。そういう意味で、相手がどんなテニスをしようとしているのか、そのプランをいち早く見抜くことが重要になる。

サービスやレシーブに関しては、サービスの方が主導権を握りやすいと思いがちだ。たしかに自分のタイミングで打てるサービスと違い、受け身のプレーであるレシーブで主導権を握るのは難しい。サーバーが構えたから自分もレシーブ体勢を作るというプレイヤーも多い。しかし、レシーブでも自分が準備できたタイミングで構えていくと、主導権を握ることができる。

主導権は一度相手に握られると、その試合の中で取り戻すのは容易ではない。試合が始まったら、できるだけ早い段階で相手より先に握るようにしたい。

其の三

相手との駆け引きで勝とう!

試合経験を通して
自分の中の「駆け引きの引き出し」を増やす

　相手の出方や状況に応じて、自分の有利なようにすることを駆け引きの定義とするなら、ソフトテニスの試合は、いくつもの駆け引きの積み重ねと言える。

　後衛は相手前衛との間で、前衛は相手後衛との間で駆け引きを繰り広げる。さらに前衛同士、後衛同士の駆け引きもあるだろう。

　取りに行く素振りを見せずにポーチに出る。クロスを狙うと見せかけて、ストレートにパッシングを打つ。深いボールを続けて相手の意識を後方に追いやり、ショートボールで得点する。これらのプレーはすべて駆け引きであり、いかに相手の裏をかくかがポイントになってくる。

　相手よりも明らかに力が上とわかっている試合では、それほど気にする必要はないかもしれない。しかし、相手との実力差が小さければ小さいほど、ちょっとした駆け引きが勝敗を分けていく。自分自身の試合経験を通して、また、他のプレイヤーの試合を数多く見て、自分の中の「駆け引きの引き出し」を増やしておくようにしよう。

ミスが出た時、続いた時の対応

間を取って、気持ちを落ち着かせよう

　ミスをしようと思ってプレーする者などいない。しかし、ミスは誰にでも起こりうる。ソフトテニスは、ミスの少ない者が勝利をつかむことができる。

　プレイヤーの心理として、ミスが出ると、「次は決めなければいけない」という思いから余計にプレッシャーを感じてしまう。その結果、動きが硬くなったり視野が狭まったりして、さらにミスを重ねていく傾向がある。大切なのは、１つのミスを引きずらないことだ。優れたプレイヤーとそうでないプレイヤーの差は、そうした部分に顕著に現れる。

　では、ミスが出た時、ミスが続いた時はどうすればいいのか。

　まずは間を取って、気持ちを落ち着かせる。具体的には深呼吸をする、その場でヒザの屈伸運動をする、ラケット面をじっと見て集中するなど、様々な方法がある。

　各ポイントの開始時や打つ瞬間に、大きな声を出すのもいいだろう（相手を威嚇しないように注意）。とにかく不安な気持ちを表情に出してはいけない。相手につけ入る隙を与えないために、たとえミスをしても堂々とした態度で、精神的に余裕があることを示しておく。

PART 1

後衛の技術と戦術

後衛のプレーと特徴

後衛は安定したストロークと 心身の粘り強さが不可欠

コツ

❶相手とのラリーで 主導権をつかむ

❷チャンスボールは 積極的に攻める

❸ネットプレーも 磨いておく

ストロークを軸にゲームを組み立てる後衛

主にベースライン付近でプレーする後衛 は、グラウンドストロークを中心にラリー を組み立てることが基本的な役割。ロビン グやショートボールを織り交ぜ、自分たち の得意な展開に持ち込んで、味方の前衛に ポイントを決めさせる。相手の苦手なコー スを狙ってミスを誘ったり、チャンスボー ルでは自ら攻めてポイントを奪う。

そのために後衛は、ミスが少ない安定し たストロークと、長いラリーに耐えられる 粘り強さが求められる。後衛の出来が試合 結果を左右すると言っても過言ではない。

コツ 1 相手とのラリーで主導権をつかむ

　グラウンドストロークをきちんと打てるのは最低条件。しかも相手の後衛に返すだけでなく、前衛をけん制しながらのプレーが求められる。ラリーから主導権をつかみ、味方の前衛の得点シーンをお膳立てしていく。

コツ 2 チャンスボールは積極的に攻める

　得点を決めるのは前衛だけではない。チャンスがあれば、サイドパッシングや前衛アタックで、積極的にポイントを取りに行く。相手に「後衛も得点力があるぞ」と警戒させられれば、その後の展開も優位に進められる。

コツ 3 ネットプレーも磨いておく

　試合では、後衛がネットに出ざるを得ない場面もある。そこでネットプレーがまったくできないでは、相手に弱点をさらけ出したと同じこと。後衛もボレーなどの基本的なネットプレーを磨いておいた方が得策だ。

できないときは ココ

普段の練習の乱打から、どういう狙いの打球なのかを意識して打つ。できるだけミスしないことを心掛ける。

チェックしよう！

- □ できるだけミスをせずに、グラウンドストロークをできているか
- □ チャンスを見逃さずに攻撃できているか
- □ ネットプレーが身についているか

基本はウエスタングリップ。正しい待球姿勢から打点へ

コツ

❶ ウエスタングリップは
　真上からそのまま握る
❷ プレーの局面ごとに
　握り方を変える
❸ 左右のフットワークは
　軸足の位置を早く決める

肩の力を抜き、リラックスする

ヒザを軽く曲げ重心を低く

ストロークに入るまでにしっかり準備する

後衛は、ストロークに適したウエスタングリップで握りながら、局面に応じて臨機応変にグリップを変えるのが望ましい。

相手のボールを待つ時の待球姿勢は、どんなボールに対しても素早く反応できることがポイント。ヒザを軽く曲げて重心を低くし、リラックスした状態で自然体に構えると、前後左右にスムーズに動き出せる。

飛んでくるボールを見極め、無駄のないフットワークからいち早く打点に入る。細かなステップで脚を運び、軸足の位置が決まれば、あとは鋭くスイングするだけだ。

コツ 1 ウエスタングリップは 真上からそのまま握る

　ラケット面が地面と平行になるように置き、真上からそのまま握るのがウエスタングリップ。ドライブをかけたグラウンドストロークやバックハンドのストローク全般、カラダの近くで処理するボレーなどに適している。

コツ 2 プレーの局面ごとに 握り方を変える

　ウエスタングリップから45度ずらすとセミイースタングリップ、90度ずらすとイースタングリップになる。これらはサービスやスマッシュ、低いボールの処理に有効。上級者は場面ごとに握り方を変えるのが一般的だ。

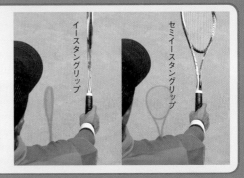

イースタングリップ

セミイースタングリップ

コツ 3 左右のフットワークは 軸足の位置を早く決める

　左右のフットワークは、動き出したい方向の脚から踏み出す。前後に動く時は上体が前傾したり、のけ反ったりしないように注意。いずれの場合も軸足の位置を早く決めることが、次のプレーの選択肢を増やす。

できないときは ココ

フットワークに入る直前、その場で軽くスプリットステップを入れると、動き出しがスムーズになる。

チェックしよう!

☐ グリップの３つの握り方とそれぞれの特徴を理解しているか

☐ 相手のボールに対して、素早く動き出すための待球姿勢ができているか

☐ 滑らかなフットワークができているか

グラウンドストローク（フォアハンド）

安定したグラウンドストロークが後衛のプレー全般を支える

コツ1 腰の回転を利用して力強く振り抜く

ラケットをスムーズに後方に引く、左肩を入れて相手の前衛をけん制する

腰の回転を利用し、スイング開始。グリップから少し遅れてヘッドが出ていく

① ②

コツ2 軸足から前脚に重心を移動しながらスイング

飛んでくるボールの質を見極めて、いち早く軸足（後方の足）の位置を設定

前足を踏み込みながら、スイングを開始。下半身から始動するイメージで

① ②

腰の回転運動と前脚への体重移動がカギ

　レシーブや後衛のプレーの大半を占めるグラウンドストローク。ボールの軌道や回転、打点の高さなどを変えることで、様々な打球に分類できる。ただ、どの打ち方も腰の回転や体重移動といったカラダの使い方には共通点が多い。

　フォアハンドのグラウンドストロークは、まず軸足の位置を決め、ラケットを後方に引く。腰の回転運動を利用してスイングを開始。同時に軸足にあった重心を前脚方向へ移動させる。グリップを強く握ってインパクトし、ラケットを振り抜く。

コツ

❶腰の回転を利用して力強
く振り抜く
❷軸足から前脚に重心を移
動しながらスイング
❸逆の腕でバランスをとる

チェックしよう!

□腰の回転運動を理解した上で、スイング
　できているか
□重心を軸足から前脚に移動できているか
□もう一方の腕をきちんと使えているか

踏み込んだ足を
外側に回転させ
ず、ヒザから下で
壁を作ると力が
逃げない

インパクト後のフ
ォロースルーは
大きく。最後は
腕を首に巻き込
むように

❸　❹

踏み込んだ脚に重心
を移動させる。打点は
踏み込み脚のやや前
が基本になる

ラケットをしっかり
振り切ってフィニッ
シュ。すぐに待球姿
勢を作る

❸　❹

コツ3 もう一方の腕で バランスをとる

　ラケットを持っていない方の腕でバランスをと
る。スイング時にぐっと上げることで胸を張れる
ので、力がボールに伝わりやすい。最初は意識し
ても良いが、無意識にできるのが望ましい。

スイングのカラダの使い方

懐を作って構えることで相手前衛をけん制できる

コツ

❶ 左肩を入れて
相手前衛をけん制する
❷ 前足に体重を乗せて
スイングしよう
❸ 肩甲骨がうまく使えれば
パワーのある打球になる

懐を作る！

意識することなく肩甲骨を効果的に使う

同じスイングをするにしても、カラダの使い方に気を配り、いくつかのポイントに注意すると、ボールによりパワーが伝わったり、相手に読まれにくい効果を生む。

一つは「懐を作る」こと。自分のお腹の前に作る懐の存在が打点の幅を広くし、こ

れによりクロスにもストレートにも打ち分けられ、相手前衛をけん制できる。同じ意味で、「左肩をしっかり入れる」のも効果的だ。　また、肩甲骨を大きく使えているか否かで、ボールへのパワーが変わってくることも知っておこう。

コツ 1 左肩を入れて 相手前衛をけん制する

　テイクバックの際に左肩を入れることで、相手前衛をけん制できる。前衛からすれば、相手後衛がどのコースに打とうとしているのか読めないため、容易には飛び出せない。スイングの際は重心移動も忘れずに。

コツ 2 前足に体重を乗せて スイングしよう

NG

　パワーのある打球は、右利きであるならば左足に体重を乗せることで可能になる。右写真のように右足に体重が乗り、カラダ全体が後ろにのけ反るようなスイングでは強打は期待できない。前足荷重を意識しよう。

コツ 3 肩甲骨がうまく使えれば パワーのある打球になる

　肩甲骨をきちんと使えていると、ボールにも十分なパワーが伝わる。「投げる」動きのある野球などと同様、ソフトテニスでも肩甲骨の可動域は重要なのだ。普段から肩周りのストレッチを行い、可動域を広げておこう。

できないときは ココ

お腹の前に空間を作るイメージで懐を作る。腰の回転運動と重心移動を意識し、リラックスしてスイングする。

チェックしよう!

☐ テイクバックの際、懐を作ることを意識できているか
☐ 左肩をしっかりと入れてスイングし、相手前衛をけん制できているか
☐ 肩甲骨をうまく使えているか

打撃フォームとスイングの関係性

フォアハンドのスイングは野球の打撃とほぼ同じ

コツ 1 フォアハンドのスイングをチェック

ラケットを後方に引き、テイクバックを完了させる。同時に重心は右脚に乗せる

腰を回転させながらスイングを開始。重心を徐々に左脚に移動させていく

① ②

コツ 2 野球のバッティングフォームをチェック

投げられたボールにタイミングを合わせて、前足を上げ、グリップを後方に引く

全身を使って腰を回転させるイメージ。スイングしながら前足を踏み込む

① ②

ラケットヘッドがグリップより遅れて出る

　テイクバックが完了すると同時に、右脚にタメを作る。腰の回転を利用してスイングを行いながら、体重を左脚に移動していく。ラケットのヘッドがグリップより遅れて出ることで力強い打球となり、かつ、どんなボールにも対応しやすくなる。そのよ

うに見てみると、フォアハンドストロークはスイングの基本動作が野球のバッティングとほとんど同じと考えていい。
　一度バッティングの素振りを行ってみて、正しいスイングができているかどうか、仲間同士で確認し合ってみよう。

ボールをよく見てインパクト。ラケットのヘッドを遅らせ、"ふところ"を広く

大きなフォロースルーを意識して、しっかり振り抜く。体重は左脚に乗り切る

❸

❹

バットのグリップ比べて、ヘッドが少し遅れて出てくることで強い打球が打てる

ソフトテニスのフォアハンドと違うのは、バッティングではここで手首を返す

❸

❹

コツ3 ドアスイングはボールに力が伝わらないためNG

バッティングと同様、腰（下半身）とグリップ（上半身）が一緒に回ってしまうドアスイングはNG。これではボールに十分な力が伝わらない。腰の回転から少し遅れてグリップが出ていく。

グラウンドストローク（バックハンド）

バックハンドストロークに 苦手意識を持たない

コツ 1 腰の回転運動を利用してスイングする

待球姿勢をとり、相手が打つタイミングに合わせてスプリットステップを入れる

❶

右利きの場合、軸足となる左脚から動かす。同時に、カラダを左に向け始める

❷

相手に背中が見えるぐらい上体をひねる。スイング開始とともに重心を前足へ

❺

腰の回転運動を利用しながらスイングする

❻

足の運びやカラダの使い方を覚える

利き腕の反対側に来たボールを打つバックハンドストロークに苦手意識を持つ人は少なくない。しかし、そうした意識を克服できないままでは、試合で相手にバックサイドを徹底的に突かれることになる。

たしかにバックハンドストロークは、フォアハンドに比べて、打点の範囲が狭い、ボールに力を伝えにくいという面はある。でも、ポイントさえつかんでしまえば、大きな武器になる。足の運びやカラダの使い方などのポイントを1つずつ確認し、安定感のあるスイングを習得しよう。

左下⑤へ

❶腰の回転運動を利用して
スイングする
❷十分なタメを作り
前足の延長線上で
インパクト

チェックしよう!

□相手に背中が見えるぐらい上体をひねっ
てタメを作っているか
□腰の回転運動を利用してスイングできて
いるか

軸足の位置を決め、ラケットを後方に引いていきながら重心を軸足に乗せる

前の脇が開かないように肩を入れてテイクバック。前足をかかとから踏み出す

踏み込んだ前足の延長線上でインパクト。顔を傾けたりせず、しっかり残す

フォロースルーはラケットを下から上に振り上げるように。すぐに次の準備に入る

コツ2 十分なタメを作り 前足の延長線上でインパクト

バックハンドストロークは、フォアハンド以上
にタイミングが重要。カラダの回転運動で十分な
タメを作り、前足の延長線上でインパクトできれ
ば、力を入れなくても強い打球になる。

アンダー、サイド、トップを状況に応じて使い分ける

コツ

❶腰を落として打つ
　アンダーストローク
❷フラットに振り抜く
　サイドストローク
❸体重を乗せて叩く
　トップストローク

トップストローク

サイドストローク

アンダーストローク

自ら得点するためにトップストロークは必須

　グラウンドストロークは、打点の高さによってアンダー、サイド、トップに分けられる。打点が低いほどボールにドライブ回転がかかり、安定感が生まれる。逆に、高いほど難易度が高くなるが、力強い攻撃的なショットとなる。自ら得点するにはトッ

プストロークは必須のショットだ。
　なかでもバックハンドのトップストロークは習得が容易ではない。それでもレベルアップのためにフォアとバックでそれぞれの打ち方をマスターし、実戦で局面に応じて使い分けられるようにしたい。

コツ 1 アンダーストロークは腰を落として打つ

　ヒザを曲げて腰を落とすのがポイント。低い軌道でスイングを開始し、インパクトの瞬間、ラケット面はグリップより低い位置に来る。インパクト後はラケットを上方向に振り上げるとドライブ回転がかかる。

コツ 2 サイドストロークはフラットに振り抜く

　打点は腰あたりの高さなので、アンダーストロークより重心は高め。ラケットを地面と平行に振り抜き、ボールをフラットに捉える。中級者以上は、スピードとパワーを兼ね備えたこのショットが基本になる。

コツ 3 トップストロークは体重を乗せて叩く

　チャンスボールを得点するためのトップストローク。ラケットを立ててテイクバックを行い、肩より高い高さで地面と平行に振り抜く。ボールに体重が乗っていれば、インパクト後、右脚が自然と跳ね上がる。

できないときは ココ

バックハンドも腰の回転と体重移動を意識しながら、打点を打ち分ける。とくにトップストロークはカラダ全体を使う。

チェックしよう!

- [ ] アンダー、サイド、トップのそれぞれの打ち方をマスターできているか
- [ ] 乱打中、来るボールに応じて打ち分けられているか
- [ ] バックハンドも打ち分けられているか

どんな意図のロビングかで狙うコースや場所を変える

コツ

① ヒザの屈伸を使い
ボールをすくい上げる
② しのぐロビングは
高く深い場所に
③ トップと同じタイミングで
ロビングを上げる

ベースライン近くの深い位置を狙う

山なりの軌道となるロビングは、テイクバックの時は腰を落としてヒザをしっかり曲げ、そのヒザを持ち上げるようにラケットを下から上に振り上げる。ボールにドライブ回転をかけて、ベースライン近くに落ちる深いロビングを意識しよう。

乱打の際、ウォーミングアップのためだけのロビングにしないこと。相手の攻撃をしのぐロビングと、相手を走らせる攻めのロビングを試合で使い分けられる技術を身につけたい。ロビングをきちんと打てないようでは試合で勝つのは難しい。

コツ 1 ヒザの屈伸を使い ボールをすくい上げる

打点に素早く入り、テイクバック完了までは通常のグラウンドストロークと同じ。曲げた状態にあるヒザを伸ばすようにしながらスイングを行う。攻撃的なロビングを打つ時は、アンダーハンドでドライブをかける。

コツ 2 しのぐロビングは 高く深い場所に

自分たちの陣形を崩されたり、走らされて体勢が悪い時は、「しのぐロビング」で立て直す。ただし、浅いボールでは相手のチャンスになってしまうため、高い軌道でベースライン近くに落ちるボールが理想だ。

コツ 3 トップと同じタイミングで ロビングを上げる

相手の陣形を崩したい時は、攻めのロビングで相手の前衛の頭越しを狙い、後衛を走らせる。しのぐロビングと違い、相手前衛がジャンプしてもぎりぎり届かない高さが効果的だ。トップと同じタイミングでロビングを上げよう。

できないときは ココ

ヒザをしっかり曲げて構え、手打ちにならないように大きなスイングで振り抜く。

チェックしよう!

□ヒザをやわらかく使ってベースラインにロビングを打てているか
□しのぐロビングの落としどころを理解し、そこに打てているか
□攻めのロビングで攻撃できているか

できるだけ同じフォームで
コースを打ち分ける

コツ

❶ 肩を入れて構え前衛を
　けん制する
❷ 左右両サイドからクロス
　とストレートに打つ
❸ バックハンドも前の肩が
　ポイント

ストレート

クロス

前の肩を入れて構え、相手前衛をけん制する

　同じコースを狙ったストロークばかりで
は、なかなか得点にならない。クロス、ス
トレート、逆クロスのコースにきちんと打
ち分けられる技術を身につけたい。

　ただ、打ち分ける時のフォームがそれぞ
れ違うようでは相手に簡単に読まれてしま

う。最終的にはインパクトの位置を前後に
微調整することでコースを打ち分けられる
が、そこまでの動きはできるだけすべて同
じスイングになるようにする。ポイントは
肩の使い方だ。前の肩を入れて構えると、
相手の前衛をけん制できる。

コツ **1** 肩を入れて構え 前衛をけん制する

　テイクバックを完了した時、前の肩を入れて構える。相手に自分の背中を見せるくらいのイメージでいい。それができると、相手前衛としてはクロスなのかストレートなのか、打たれるコースが予測しづらくなる。

コツ **2** 左右両サイドから クロスとストレートに打つ

　打点の位置を前後に調整すれば、クロスにもストレートにも打ち分けられる。ストレートで相手と打ち合う時の打点を基準とするなら、引っ張る時はやや前の打点で、流す時は引きつけてやや後ろの打点で打つ。

コツ **3** バックハンドも 前の肩がポイント

　バックハンドもラケットを持っている側の前の肩を入れることで、相手前衛のけん制になる。フォアハンドと同様、相手に背中を見せるイメージで。テイクバックを完了すると、自分の肩越しにボールを見ることになる。

できないときは ココ

コースを狙う時はアバウトなポイントではなく、自分が狙ったコースにしっかり打てるように。

チェックしよう!

□テイクバック完了時、前の肩を入れて相手前衛をけん制できているか
□同じフォームからクロスとストレートに打ち分けられているか

センターを有効に使い
相手との駆け引きを優位にする

コツ

❶ 前衛が動いた時も
センター狙いが有効
❷ 相手前衛の動きの
逆を突くのが狙い
❸ センターを狙う姿勢が
次のプレーで生きる

前衛がサイドに寄ったらセンターを突く

前頁ではクロスとストレートへの打ち分けを習得したが、自分と相手コートのセンターマークとを結んだコース、いわゆるセンター狙いの有効性も覚えておきたい。

後衛がしっかり構えて打つ体勢ができると、前衛にはサイドを守ろうという意識が働く。試合では前衛が絶対に抜かれてはいけない場面が要所であるので、そういう時にセンターを突いていこう。センター狙いは1本でポイントにならなくてもいい。決まればラッキーだが、以降のプレーで相手前衛に的を絞らせないのが目的だ。

コツ 1 前衛が動いた時も センター狙いが有効

センター狙いは、相手の前衛がサイドに寄ってきた時以外にも有効である。たとえばストレート展開のラリー中、前衛がポーチに出てきた。そこでセンターを狙っていく。

コツ 2 相手前衛の動きの 逆を突くのが狙い

前衛が取りに来たということは、それまでいたセンターのコースが空く。そこを狙えば、前衛は逆を突かれる形になり、相手の後衛もそのカバーに回らなければならなくなる。

コツ 3 センターを狙う姿勢が 次のプレーで生きる

センター狙いで、ポイントを決めようとしなくていい。「隙あらばセンターも狙っているぞ」という姿勢を示しておき、相手にクロスやストレート以外も警戒させることが重要だ。

できないときは ココ

前衛は、相手後衛と自コートのセンターマークとを結んだ直線が基本ポジション。動けばそこが空く。

チェックしよう!

☐ センター狙いの意図を理解できているか
☐ 前衛の動きをよく見て、センターのコースに打てているか
☐ クロス、逆クロス、ストレートとそれぞれの展開からセンター狙いができているか

ランニングストローク

走らされて打つ時は
軸足一本でジャンプしながら

① 待球姿勢からスタート。しかし、構えた場所にボールが来るとは限らない

② ボールをよく見て、質やスピードを見極めながら素早く打点に移動する

⑤ 軸足（後ろ足）の位置を決め、テイクバックを完了させる

⑥ 軸足一本で立ったままインパクトへ。打点が少し前だとボールを捉えやすい

走らされたらパッシングなどで前衛の意表を突く

　相手が打ったボールは、必ず自分の構えた場所に飛んで来るわけではない。むしろ今いる位置から動かされて返球しなければならない場面の方が多い。走らされたら無理せず、つなぐのがセオリーである。

　しかし、そこで切り返して攻められれば、たちまち形勢を逆転できる。とくに後ろに下がって打つ時は、相手前衛はロビングを予測し、少し下がってスマッシュに備えるので、うまくカラダを使ってサイドパッシングを仕掛けてみよう。いかに前衛を欺けるかで試合の流れが決まっていく。

コツ

❶軸足一本でジャンプしな
がら打つ
❷ランニングストローク
直後もすぐ次の準備を

チェックしよう!

□走りながらテイクバックを行い、正しく打
　点に入れているか
□前脚の蹴り上げを使って、軸足一本で打
　てているか

走っている時にラケッ
トを後方に引いていく。
相手前衛の位置を確
認する

走っていく勢いで打点
に近づきすぎないよ
うに注意。左腕でうま
くバランスをとる

左脚をラケットとは
逆向きに蹴り上げ
ることで、カラダの
回転を生み出す

すぐに次の打球に備
え、定位置に戻ってく
る体勢を作る

左下⑤へ

コツ 2

ランニングストローク
直後もすぐ次の準備を

相手前衛がロビングを警戒していたら、少し下
がったポジションからローボレーをしてくる可能
性が高い。そのフォローのために、走っている方
向に脚が流れてしまわないようにする。

相手のウィークポイントから活路を見出す

コツ

❶ どんなプレイヤーにも
弱点はある
❷ 苦手なプレーをさせる
展開に持ち込む
❸ 相手の弱みは
味方前衛と共有する

弱点を突き、思い通りのプレーをさせない

　試合前の乱打や試合が進むにしたがって、相手の弱点が見えてくる。バックハンドが苦手、前後のフットワークが悪い、センターを狙われると、前衛も後衛も反応が鈍い。ミスが1本出ると、2本、3本と続いてしまうという精神的に弱い選手もいる。

　相手のそうしたウィークポイントがわかったら、攻めない手はない。自分たちがやりたいテニスを貫くことも大切だが、相手に思い通りのプレーをさせないことも同じくらい重要だ。パートナーと協力し合い、弱点を突く展開に持ち込みたい。

コツ 1 どんなプレイヤーにも 弱点はある

　よほどハイレベルなプレイヤーでない限り、誰にでも不得手なプレーはある。たとえば試合の序盤で、相手後衛がバックハンドストロークが苦手だとわかったら、バックサイドを徹底的に突いていくのも効果的だ。

コツ 2 苦手なプレーをさせる 展開に持ち込む

　フットワークが悪い選手に対しては、ショートボールや深いボールで前後に揺さぶったり、ロビングで左右に振る。ローボレーが弱い前衛には、足元を狙ったボールで動きを鈍らせる。弱点を攻めない手はない。

コツ 3 相手の弱みは 味方前衛と共有する

　相手の弱点は時間の経過とともに明らかになっていく。試合前の乱打で気づく点もあるかもしれない。そうした情報はポイント間のインターバルやサイドチェンジの際、味方前衛と共有し、プレーに生かしていく。

できないときは ココ

ポイントした時、なぜポイントできたかを考えると、相手の弱点が見えてくることがある。

チェックしよう!

☐ 相手の弱点を探り出せているか。

☐ 明らかになった相手の情報をペアで共有できているか

☐ その弱点を突いて、相手に思い通りのプレーをさせないようにできているか

味方の前衛が抜かれても諦めずにフォローに入る

コツ

❶後衛のフォローがあるから
　前衛は勝負に出れる
❷余裕度によって
　グリップを変える
❸広いスタンスから
　カット打ちで返球

広いスタンスからカット打ちでつなぐ

　味方の前衛がポーチに出たものの、サイドを抜かれてしまうことがある。そういう時は後衛がフォローに入り、つなぐことになる。あらかじめフォローを予測している場面以外は、苦しい体勢から何とか返球するというプレーにならざるを得ない。

　ぎりぎり届くぐらいの極限のフォローでは、イースタングリップに持ち替えるのが基本。利き腕側の脚を大きく踏み込み、インパクトでボールをカットするように押し出す。こうしたプレーは足腰の強さと、最後まで諦めない精神力が生み出す。

コツ **1** 後衛のフォローがあるから前衛は勝負に出れる

後衛がフォロー（カバー）してくれることで、前衛は思いきったプレーで勝負を仕掛けることができる。後衛はどんなぎりぎりのボールでも諦めずに追い打球を拾ってゲームの主導権を自分たちに引きつけよう。

コツ **2** 余裕度によってグリップを変える

より厳しいボールのフォローはイースタングリップかセミイースタンで握り、いくらか余裕があるケースでは、ウエスタングリップのままで。ただし、大きなスイングは難しいので、手首のスナップを利かせて返球する。

イースタングリップ

セミイースタングリップ

コツ **3** 広いスタンスからカット打ちで返球

フォアサイドのフォローでは、右脚を大きく踏み込み、広いスタンスを取る。イースタングリップかセミイースタングリップに握り替え、ボールがツーバウンドする寸前にラケットをカットするように押し出す。

できないときは ココ

ラケットさばきと脚の運びを別々に考える。まずはカット打ちをできるようにしてから脚の運びを練習する。

チェックしよう!

☐ ぎりぎりの打球でも諦めずにフォローできているか

☐ 自分の余裕度を考え、グリップを使い分けてフォローできているか

ライジングショット

速いテンポで打ち相手の時間を奪う

コツ 1 位置取りは通常よりも1〜2歩前にする

飛んでくるボールの質を見極め、通常よりも1〜2歩前に踏み込む

軸足の位置を決め、肩を入れて相手前衛をけん制する

① ②

コツ 2 ボールが頂点に達する前にインパクトする

自ら前に踏み込んでいき、速いテンポでボールを迎える

前傾姿勢になったり、重心移動が速くなりすぎないように注意する

① ②

1〜2歩前でボールの上がり際を打つ

　バウンドして頂点から落ちてくるボールを打つ通常のグラウンドストロークと違い、頂点に到達する前の上がり際に打つ打法が、ライジングショットだ。打つまでの時間が短くなるので、当然難しさはある。

　しかし、相手にとってはタイミングを外される、コースを読みにくい、時間的余裕を奪われるなど、打つ側のメリットは多い。素早く打点に入ったら、普通に打つ時よりも1〜2歩前でインパクトするイメージになる。ボールをよく見て、うまく間合いを計りながら速いテンポで打っていく。

バウンドしたボール
が頂点に達する前
にインパクトする

打った後も相手
の返球に備えて、
定位置に戻り、
待球姿勢を作る

❸　　❹

落ち際ではなく、上
がり際を打つだけ
で、打点は通常の
打ち方と同じ

ラケットをしっかり
振り抜き、大きなフ
ォロースルーを心
掛ける

❸　　❹

コツ3 相手に立て直す時間を与えない

　ライジングショットは、相手に崩れた体勢を立
て直す時間を与えない時にも有効だ。相手の先を
通していけば、迫力のある攻撃を続けられて主導
権を握れる。

バックハンドストロークの入り方

打点に正対するように入り
プレーの選択肢を増やす

コツ 1 打点にはできるだけ直線的に入らない

① 右サイドでラリー中、左サイドにロビングで振られた

② 打点にまっすぐ向かった方が走る距離が最短距離で済むが…

コツ 2 後方に下がって膨らみながら打点に入る

① 左サイドに振られたら、ボールの落下点がどこになるか瞬時に判断する

② ベースラインから遠ざかるようにしてロビングを追いかける

バックサイドには少し膨らんで打点へ入る

　ラリー中、右サイドから左サイドにロビングなどで振られたら、すばやく移動し、バックハンドで対応することになる。この時、どのように打点に入るべきか。

　一見、打点に一直線に向かった方が、走る距離が最短で済むように思えるが、それ

ではスピードがあるボールに対し、余裕を持ってスイングできない。テイクバック時にしっかり肩を入れ、踏み込む足の前でインパクトするには、一旦ベースラインから遠ざかり、少し膨らむように打点に向かうと、打球に正対する形で対処できる。

③ ボール方向に勢いをつけるようなフットワークができずスイングを小さくなる

④ 上級レベルになり問題なく打てるのであれば、直線的に入っても構わない

③ 後方に少し膨らみながら打点に入っていく。同時にテイクバックも始める

④ ボールに対して正面から向かうことになり、プレーの選択肢が広がる

コツ 3 直線的な移動では十分なスイングが難しい

NG

打点に直線的に入っていくと、ボールにスピードがあったり、強いドライブ回転がかかっている時に対応しづらい。ヒジが上がり、十分な体重移動もできないため、ボールに力を伝えられない。

ボールだけを見ていては相手の攻撃の狙いを読めない

コツ

❶打球の質を見極め
　素早く落下点を予測
❷ボールを追っている時に
　相手前衛の位置を確認
❸相手の状況を見て
　次のプレーの判断を速くする

ボールだけを追わず、相手前衛の位置を確認

　相手がロビングで逆サイドに振ってきた時、ボールばかりを目で追い、相手の陣形が見えていない選手が多い。つなぎのロビングは時間的余裕もあり、打たれた瞬間に落下点やバウンドはある程度予測がつく。

　そこでするべきは、相手前衛のポジショ

ンを確認することだ。ボールを追いつつも、相手前衛の状況をチェックする。サイドを空けてセンターにいるのか、サイドをきっちり守っているのか。あえて誘っていると感じたら、無難につなぐショットを選択すればいい。

コツ 1 打球の質を見極め 素早く落下点を予測

　ロビングなどでコースを変更された場合、通常のグラウンドストロークと違い、ボールのスピードは遅く、時間的余裕も持てるので、打たれたらなるべく早い段階でボールの質を見極め、落下点を予測する。

コツ 2 ボールを追っている時に 相手前衛の位置を確認

　落下点やバウンドを予測できたボールを見続けている必要はない。ボールを追っている時に相手前衛のポジションを確認する。ボールだけを見ていると、前衛の考えがわからず、どこに打てばいいかも決められない。

コツ 3 相手の状況を見て 次のプレーの判断を速くする

　相手前衛がサイドをきっちり守っているのが見えたら後衛に返す。どこかのコースを空けて誘っているように感じたら、深いロビングで無難につなげばいい。じっくり見なくとも、視野の中に相手を入れることが大切だ。

できないときは ココ

普段の練習から、相手前衛のポジションや動きを確認するクセをつけておこう。

チェックしよう!

☐ ロビングを追いかけながら相手前衛の動きを確認できているか
☐ 相手前衛につかまらないようなショットを打てているか

49

パートナーの調子が悪い時の対応

前向きな言葉をかけて雰囲気を盛り上げる

　言うまでもなく、ダブルスは2人で行うもの。しかし、それぞれのプレイヤーが自分本位のプレーをしていては、良い結果は望めない。長所を生かし、短所を補い合いながら協力し、「2人で1ポイント獲っていく」精神を持ちたい。

　パートナーがミスをした時、責めるような言葉をぶつけたり、その思いを表情や態度に出すなど、もってのほかだ。パートナーが不調に陥ったらカバーする。それがあなたの役割になる。

　ただ、カバーすると言っても、プレー面でできることはそう多くない。急にいつもよりも威力のあるストロークが打てるようになったり、ネットプレーの守備範囲が広がるわけではないからだ。

　したがって、パートナーがミスをしたら「ドンマイ」や「次は1本とろう」といった前向きな言葉をかけ、ポイントを挙げたらハイタッチなどでペア間の雰囲気を盛り上げる。そうやってパートナーが立ち直っていくのを辛抱強く待つしかない。

　試合中に技術面で気になる点があったとしても、パートナーの性格やタイプを考慮し、伝え方や言うタイミングに注意を払う必要があるだろう。

PART 2

前衛の技術と戦術

前衛は瞬発的なテクニックと読む力、思い切りの良さが必須

コツ
❶ チャンスボールを確実に決める
❷ 動きや位置取りでプレッシャーを与える
❸ サービスやレシーブで攻撃の起点を作る

チャンスボールを得点に結びつける前衛

　主にネット近くでプレーする前衛は、ボレーやスマッシュでポイントを決めることが最も重要な役割だ。味方の後衛がラリーによってもたらしたチャンスボールを確実に得点に結びつけるようにしたい。相手の考えを読み取り、それに基づいて瞬時に動

けるテクニックが不可欠である。

　ただ、前衛はボールに触れなくても相手にプレッシャーを与えることができる。ポジショニングを工夫したり、動きにフェイントを加えるなどの駆け引きで、相手にやりにくい前衛だと思わせよう。

コツ 1 チャンスボールを確実に決める

　味方の後衛がラリーを組み立て、相手が苦しい状況から返球してくる。そのチャンスボールを確実に決めるのが、前衛に課せられた役割だ。ボレーやスマッシュの精度を高め、ポイントに結びつけられるようにしておく。

コツ 2 動きや位置取りでプレッシャーを与える

　前衛は後衛に比べて、ボールに触れる機会が少ない。しかし、ポジショニングの工夫やフェイントなどを使い、相手にプレッシャーをかけることができる。相手に打ちたいボールを打たせないのも大切な任務なのだ。

コツ 3 サービスやレシーブで攻撃の起点を作る

　ネットプレーを磨くのはもちろんだが、サービスやレシーブに関しては、求められることは後衛と変わらない。ファーストサービスの成功率を高める。レシーブミスはしない。そこから自分たちの得意な展開に持ち込む。

できないときは ココ

後衛の立場になって、前衛にどんな動きやポジショニングをされるとやりづらいか、考えてみる。

チェックしよう!

☐ ボレーやスマッシュで確実にポイントを決められているか
☐ ボールに触っていない時も相手にプレッシャーを与えられているか
☐ サービスやレシーブもできているか

グリップ・待球姿勢・ステップ

相手からの距離が近いので より素早く動き出せる準備を

コツ

① どのプレーをするかで グリップを変える

② リラックスして構え 素早く動き出す

③ 打点まで最短距離で入り 軸足を早く決める

プレーによってグリップを使い分ける

前衛は、後衛よりもグリップを変える機会が多い。レシーブやボレーはウエスタングリップ。サーブやスマッシュでは、セミイースタンやイースタングリップで握る。

待球姿勢は後衛に比べると、前傾がやや浅くなる。スタンスは肩幅よりやや広く。

ラケットは面全体をネットよりも高く、かつ自分の顔が隠れない高さで構えよう。

ボレーでは進みたい方向の脚から踏み出すのが基本。腕を伸ばして取りに行こうとせず、細かなステップで脚を運び、顔から近い位置でボールを捉えるようにする。

コツ 1 どのプレーをするかで グリップを変える

　スマッシュは、バックハンドやハイボレー気味の時はウエスタングリップで握り、攻撃的に打つ場合はイースタンかセミイースタン。相手のボレーのフォローもイースタンで握り、ラケットの裏面を使うことがある。

コツ 2 リラックスして構え 素早く動き出す

　上体やスタンスなど後衛とは異なる部分もあるが、素早く動き出すために構える点は変わらない。相手との距離が近いという意味では、より俊敏さが求められる。肩やヒザの力を抜き、全身をリラックスさせよう。

コツ 3 打点まで最短距離で入り 軸足を早く決める

　ボレーは腕で処理すると考えず、脚で取りに行くこと。腕を伸ばすのは届かない時の最後の手段だ。打点までは最短距離で入り、軸足を早く決めるのが理想。軸足はかかとから入ると、タメができて鋭いボレーになる。

できないときは ココ

基本となるサイドステップを素早くできるよう練習しておこう。

チェックしよう!

☐ どのプレーの時にどのグリップを使うか、理解できているか
☐ 正しい待球姿勢をとれているか
☐ ボールを取りに行くために細かなステップをできているか

正面ボレーは
あらゆるボレーの基礎

コツ
1. インパクトの瞬間だけ
   強く握る
2. 利き腕側の脚を
   踏み込んでインパクト
3. フォロースルーは
   上方向に押し出す

ボールをよく見て、上方向に押し出す

　ネットを挟んで相手と正対し、ボールを迎える正面ボレー。試合で行う場面はあまりないが、すべてのボレーの基本となるため、しっかり身につけておきたい。

　利き腕とは逆の手でラケットの中央部を支え、リラックスして構える。肩幅よりや

や広いスタンスで立ち、相手のスイングにタイミングを合わせてスプリットステップを入れる。インパクトはラケットを持っている側の脚（右利きなら右足）を踏み込みながら。ボールを上から下に叩きつけるのではなく、ラケットを上方向に押し出す。

コツ 1 インパクトの瞬間だけ強く握る

カラダ全体をリラックスしておくため、インパクトを迎えるまではグリップを強く握らない。強く握るのはインパクトの瞬間だけ。握りが甘いと、ラケットが弾かれたりコントロールミスを生じやすい。

▼

コツ 2 利き腕側の脚を踏み込んでインパクト

スプリットステップの後、右利きなら右足を踏み込みながらインパクト。かかとから入って脚の裏全体を接地すると、スムーズに重心移動ができる。ラケットの動きと合わせ、ヒザも伸び上がるようにする。

▼

コツ 3 フォロースルーは上方向に押し出す

ラケットを振らず面を作り、立てたままヒジを伸ばして押し出す。前ではなく上方向にフォロースルーをするが、送り足（左足）をきちんと出すことでやりやすくなる。相手にフォローされにくい長めのボレーを意識しよう。

できないときはココ

テイクバックは小さめに行うようにする。確実にボールを捉えるためにも、軽く引くぐらいでいい。

チェックしよう!

- □ リラックスして構えられているか
- □ 利き腕側の脚を踏み込みながらインパクトできているか
- □ ラケットを上方向に押し出すようにフォロースルーができているか

ポーチ（フォアハンド）

相手の動きを読み、行くと決めたら思い切り良く勝負に出る

コツ 1　正クロス展開からのポーチは流すボレーで

相手後衛の動きを見て、打ってくるコースを予測し、出るタイミングを計る

フットワークは右足から踏み出す。真横ではなく、斜め前に足を運ぶ

コツ 2　右ストレート展開からのポーチは引っぱるボレーで

早く動きすぎると、逆のコースを抜かれてしまう。ギリギリまで動かない

大きなテイクバックは必要ない。脇を閉め、ラケットを立てたまま軽く引く

ポーチは脚を運び、下半身主導で行う

　味方の後衛が打つべきコースのボールを、横から飛び出して行うボレーを「ポーチ」という。右利きのフォアハンドのポーチには、正クロス展開と右ストレート展開のラリーの時に取りに行くケースがある。

　相手の後衛の動きを読み、行くと決めたら躊躇しない。ただし、空いたサイドを抜かれるリスクを考えると、早く動きすぎてもいけないので、タイミングよく飛び出す必要がある。大切なのは脚をしっかり運ぶこと。正面ボレーのようにラケットと目が近い位置でインパクトする。

❶正クロス展開からのポーチは流すボレーで

❷右ストレート展開からのポーチは引っぱるボレーで

❸プレーが切れるまで集中

□思い切り良く飛び出し、顔から近い位置でインパクトできているか

□流すボレーと引っ張るボレーの使い分けができているか

顔から近い位置でインパクト。腕を目一杯伸ばして取るのは最後の手段だ

自分の右方向に流すボレー。インパクトの瞬間、軸足のヒザを伸ばす

3　4

引っ張るボレーは、ラケットを振ろうとせず、面を向けるだけでいい

右ヒザの伸ばしながらボールを押し出す。フォロースルーを上に抜くように

3　4

コツ3 プレーが切れるまでは集中しておく

ポーチできたとしても、ポイントが決まるまでは油断は禁物。相手がフォローしてくることを想定しておく必要がある。ボールから目を離さず、すぐに元のポジションに戻って待球姿勢を作る。

ポーチ（バックハンド）

バックハンドのポーチは ラケットを横面で扱う

コツ 1 逆クロス展開からのポーチは流すボレーで

ポーチは、取りに行くという素振りを見せないで試みるのが効果的

バックハンドのポーチでは、左脚からフットワークを開始する

コツ 2 左ストレート展開からのポーチは引っぱるボレーで

リラックスした低い姿勢から、タイミング良く動き出す

軸足（左足）を設定すると同時に、テイクバックが完了している

カラダを横に向けてボールを捉える

　逆クロス展開と左ストレート展開では、右利きのプレイヤーがポーチに出る時はバックハンドのボレーになる。逆クロス展開では流すボレーで、左ストレート展開では引っ張るボレーでポイントを狙おう。

　バックのボレーがフォアと違うのは、多くがラケットを横面で使う点だ。とくに引っ張るボレーは横面で扱わないと引っ張れない。また、常に上体が前を向いているフォアと異なり、バックでは打点が自分から離れるほど上体を横に向け、もっとも遠いボールは背中を向けるようにして打つ。

ラケットを横向きに扱
い、しっかり面を作っ
てインパクトする

狙っている方向に面
を押し出すだけで、流
すボレーになる

3　　　　　4

ラケットを横向きに
操作。引っ張るボ
レーでは打点がや
や前になる

ヒジを伸ばしてイン
パクト。ラケットを
振るのではなく、前
に押し出す

3　　　　　4

コツ 3 速いボールには コンパクトに対応

　上記の動きはポーチの基本だが、相手のボール
のスピードによってラケットさばきを多少変える
必要がある。速いボールにはバックスイングを小
さくし、よりコンパクトなスイングを心掛ける。

自分の守備範囲を把握して ポーチに出る、出ないを判断

コツ

① フォアサイドは
　脚を運んで打点へ
② バックは肩を入れて
　リーチを確保
③ ギリギリのボールは
　最大リーチを生かす

バックサイドは背面ボレーでリーチを伸ばす

　前衛は、どのコースに来るボールまで届くのか、自分のネットプレーにおける守備＆攻撃範囲をきちんと把握しておく必要がある。それがわかっていて初めて、ラリー中に行ける、行けないという判断ができる。

　ボレーのフォアハンドとバックハンドは、一見すると届く範囲はほぼ同じだ。しかし、バックハンドでは後方を向いた形で、肩を入れて腕を目一杯伸ばすと、リーチがさらに伸びる。飛び出しのスタートが遅れた時や、届くかどうかギリギリのボールに勝負に行く際、最大リーチを生かそう。

コツ 1 フォアサイドは脚を運んで打点へ

　フォアサイドは、利き腕の肩から手の長さプラス、ラケットの長さがリーチになる。これをさらに伸ばすためには、脚を運んで打点に近づかなければならない。自分のリーチを知り、ポーチに出る際の判断基準にしよう。

コツ 2 バックは肩を入れてリーチを確保

　バックサイドは、利き腕とは逆側に来るボールの処理になるため、フォアハンドよりリーチが出ないと思いがちだ。しかし、上体を横向きにし、肩を入れることでフォアサイドと同じくらいのリーチを確保できる。

コツ 3 ギリギリのボールは最大リーチを生かす

　バックハンドは、そこからカラダをより回転させて腕を伸ばし、顔を後ろに向けながら背面ボレーのような形を作ると、さらにリーチを伸ばせる。飛び出しが遅れたり、より遠くのボールをボレーしたい時に有効だ。

できないときは ココ

バックハンドのボレーで上体を正面に向けたまま腕を伸ばしてみる。リーチが出ないことがわかる。

チェックしよう!

☐ 自分のフォアハンドとバックハンドのリーチを把握しているか
☐ 背面ボレーのような形でリーチを最大限まで伸ばせているか

逆をつかれたときの対応

ラケットを扇状に動かして ボールを巧みにさばく

コツ 1 予測と逆側に来たボールに対応する

ポーチは早く動き出さないよう、ぎりぎりまで動かない

相手後衛の動きを見ながらポーチに向かう

相手後衛の打球が予測とは違いセンターに来た

ラケットを扇状に動かしてボールに反応する

グリップをカラダの近い位置に保ち動く

　ポーチに出る時は、躊躇せずに思い切った飛び出しが必要だ。しかし、相手後衛との駆け引きの中では、予測したコースに必ずボールが来るとは限らない。ポーチに出たものの、センターを突かれた。そんな場面では、自分の進む方向とは逆側のボール

に反応できなければならない。

　ポーチの際は、腕を伸ばし切らず、グリップをカラダから近い位置に保ったまま移動する。そこで逆を突かれたら、グリップを支点に扇状にラケット面を動かせばいい。落ち着いてさばくことが重要だ。

予測したコースに
瞬時に動き出す

斜め前方向に右足
から踏み出す

3

4

左下⑤へ

腕を伸ばしきらずグ
リップをカラダの近
い場所に保ってボー
ルをさばく

焦らず落ち着いて
さばくことが大切だ

7

8

コツ 2 最後までラケット面を残しておく

　ボールをしっかり捉えるためにも、最後までラ
ケットの面を崩さず残しておくようにしたい。ヒ
ジが伸びてラケットがカラダから離れると難しく
なるので注意しよう。

相手のアタックを止めて
ディフェンスの堅さを示す

コツ

❶ 重心を低くして
カラダごとコースに入る

❷ グリップを強く握り
インパクトする

❸ 堅守を見せつけて
プレッシャーを与える

カラダごとコースに入り、面を作って阻止

　相手がチャンスと見て速いボールをぶつけてきたら、前衛はディフェンスボレーで阻止する。ポイントはラケットを立てて構え、カラダごとコースに入ること。一歩踏み込みながらインパクトする。ラケットは振らずに、面を作るだけでいい。

　ディフェンスボレーを使う場面では、至近距離から打たれるケースが多い。最初は恐怖心があるかもしれないが、ボールから目を離さなければ問題ない。このピンチを脱することができれば、次からは相手も簡単にはぶつけられなくなる。

重心を低くして
カラダごとコースに入る

　相手のアタックは、ネットから離れたポジションや重心の高い姿勢では対処が難しい。カラダをネットに寄せ、低い姿勢で飛んでくるボールのコースに入る。テイクバックは取らずに、ラケットを立てた状態で構える。

グリップを強く握り
インパクトする

　インパクトの瞬間にグリップを強く握るだけで、ラケットを振らないこと。相手のボールに勢いがあるため、タイミングさえ合えば、その反発力により威力のあるボレーになる。相手の前に立ちはだかるイメージだ。

堅守を見せつけて
プレッシャーを与える

　フォロースルーもコンパクトに。ディフェンスの堅さを見せつけることができれば、相手も次からはチャンスであっても簡単にぶつけてこられない。試合の序盤できっちり抑え、相手にプレッシャーを与えていきたい。

できないときは

ココ

スピードの緩いボールから練習をし始め、慣れてきたら徐々にアタックのスピードを上げていく。

チェックしよう!

☐ 重心を低くした姿勢でカラダごとコースに入れているか

☐ ラケットを振らずにグリップを握るだけでインパクトできているか

☐ 頭がネットに隠れていないか

あらゆるボールに対応できる ボレーの技術を身につけておく

コツ

① ストップボレーは インパクトでラケットを引く
② ハイボレーは しっかりミートさせる
③ ローボレーは 大振りしないように

多彩なボレーがプレーの幅を広げる

正面ボレー、ランニングボレー、ディフェンスボレー（ポーチ）以外にも、以下のボレーを身につけておこう。

ネット際に落とすストップボレーは、インパクトの瞬間にラケットを軽く引くと、ボールの勢いを吸収できる。頭より高い打点になるハイボレーは、カラダのバランスを保ちながら、叩くのかミートするのかの速い判断がポイントだ。ネットより低い打点で捉えるローボレーは、ヒザを曲げて低い姿勢で構え、全身で伸び上がるように柔らかいタッチでインパクトする。

コツ1 ストップボレーは インパクトでラケットを引く

　低い姿勢でコースに入り、身体をネットに寄せる。ラケットを立てて手首を固定し、インパクトの瞬間にラケットを引くイメージ。ボールの勢いを殺して、ネット際に落とす。ストレートボールの時に有効なプレーだ。

コツ2 ハイボレーは しっかりミートさせる

　チャンスボールではあるが打点と目の位置が離れるため、ミスが起こりやすい。ボールをよく見て、判断良く叩いたりミートさせる。腕を伸ばさないと届かないボールは、ラケットを振らずに面に合わせる。

コツ3 ローボレーは 大振りしないように

　前衛がサービス直後にネットにつく場面でつないだり、ダブルフォワードの選手が多用する。ヒザを曲げて腰を落とし、全身の伸び上がりを利用して、ラケットを下から上に持ち上げる。大振りにならないように注意しよう。

できないときは ココ

ローボレーは上体が前かがみになっていると、全身の伸び上がりができない。胸を張って打つ意識を持とう。

チェックしよう!

☐ ボールの勢いを殺すストップボレーができているか
☐ 判断良くハイボレーをできているか
☐ 全身の伸び上がりを利用したローボレーが身についているか

相手が逃げてきたボールは
スマッシュで確実に決める

コツ **1** ヒジに少し余裕をもたせてボールを捉える

ラケットを担ぎ、逆の腕を伸ばしてバランスを取りながら、横向きに移動

頭上のやや前でインパクト。前過ぎても後ろ過ぎても力が入りにくい

① ②

コツ **2** ジャンピングスマッシュはカラダを折り畳む

右半身の姿勢をとり、クロスステップで後退。軸足（後ろ足）の位置を決める

軸足一本で踏み切ってジャンプ。テイクバックとともに上体をひねる

① ②

カラダを横に向け、いち早く落下点に入る

相手のロビングや逃げてきた山なりのボールを上から叩くスマッシュ。直接得点に結びつく可能性が高く、ソフトテニスの中でも華やかなプレーの１つと言える。

打ち方のポイントは、ラケットを担ぐように持ち、いち早く落下点に入ること。逆の腕を伸ばしてバランスを取り、上体を横に向けて移動する。腕だけで打とうとせず、腰の回転運動を利用してスイング。少しヒジに余裕をもたせてインパクトする。ジャンピングスマッシュは、打った直後、カラダが〝く〟の字になるのが理想だ。

❶ヒジに少し余裕をもたせ
てボールを捉える
❷ジャンピングスマッシュ
はカラダを折り畳む
❸ジャンプを練習する

☐頭上のやや前でボールを捉え、鋭いスマ
ッシュを打てているか
☐カラダを〝く〟の字に折り畳むジャンピン
グスマッシュができているか

正しい打点できちんとミ
ートできれば、7〜8割
の力で強い打球になる

打つ前と打った
後では、左右の
肩の前後が入れ
替わる

③　　　④

ヒジに余裕をもたせ
てインパクト。直後に
カラダを〝く〟の字に
折り畳むようにする

③　　　④

軸足とは逆の足から着
地。体勢を整えて、次の
プレーの準備をする

コツ 3 後ろに下がりながらの ジャンプを練習する

スマッシュは後ろに下がりながらの対応が多く
なる。下がりながらのジャンプはとても高度なテ
クニックだ。普段から練習を行い、自分のジャン
プのタイミングや飛び方を身につけておこう。

相手のボレーやスマッシュを瞬発的な反応でフォローする

コツ

❶ フォローの時は
　イースタングリップで
❷ あらゆるボールに対応する
　ため、低い姿勢で構える
❸ 面を作って合わせて
　速いボールを返球する

イースタングリップで面を合わせる

　味方の後衛がレシーブの時、またラリー中に相手がポーチに出てきたり、チャンスボールでスマッシュを打ってきたら、諦めずに何とかフォローしてつなぎたい。

　ポジショニングとしては、ネットから離れるのが基本。相手がスマッシュの構えに入ったら、サービスラインあたりまで下がり、低い姿勢で構えておく。速いボールに対しては面を作って合わせるしかない。イースタングリップに持ち替え、ラケットの裏面でボールをさばくようにする。カラダの瞬時の反応でピンチを脱しよう。

コツ 1 フォローの時は イースタングリップで

　前衛のフォローは、ラケット面が地面と垂直になるように握るイースタングリップが望ましい。リスト（手首）を大きく使えるイースタングリップは、バウンドの低いボールやカラダから遠いボールの処理に適している。

コツ 2 あらゆるボールに対応するため、低い姿勢で構える

　相手前衛がスマッシュやボレーの体勢に入ったら、速やかにフォローの準備を。カラダやラケット面の向きをよく見て、どのコースを狙っているかを予測する。低い姿勢で構えていた方があらゆるボールに対応しやすい。

コツ 3 面を作って合わせて 速いボールを返球する

　右利きの場合、自分の左側やカラダの正面に来たボールは、ラケットの裏面でインパクトする。近い距離から速いボールを返球することになるため、面を作って合わせることに集中する。焦らず落ち着いて対応しよう。

できないときは ココ

フォローには正しいフォームはない。瞬発的な反応を利用し、どんな形でも相手に返球すること。

チェックしよう!

☐ 相手のネットプレーに対してネットから下がってフォロー体勢を作れているか

☐ ラケットの裏面を使うインパクトが身についているか

☐ 瞬時の反応でフォローできているか

空けたコースを狙わせ そこのボールを仕留める

コツ 1 あえてコースを空けて 相手に狙わせるパターン

●正クロス展開（❶）の時、前衛の基本ポジションは❶に、逆クロス展開（❷）の時、前衛の基本ポジションは❷になる
●そこで1歩分センターに寄ってサイドを空け、ポーチに出ようとしていると思わせる
●ポーチには出ず、サイドパッシングを狙ってきたボールをポーチ、もしくはディフェンスボレーで抑える

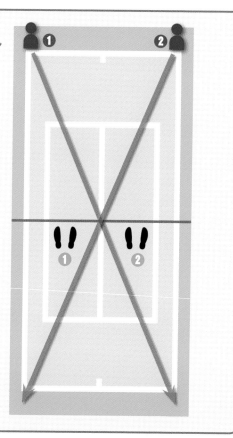

フェイントを用いて相手を困惑させる

　前衛の戦術の一つに、意図的にコースを空けておき、そこを相手が狙ってきたボールを仕留めるという方法もある。たとえばクロス展開のラリーの時、通常よりやや中にポジションを取ることで、相手はサイドを抜いてこようとする。そこで押さえるわ

けだ。スマッシュを決めるために、ロビングを誘うのも同様の狙いがある。
　単に位置取りを変えるだけでなく、取りに行くと見せかけて行かない、行かないと見せかけて行くと、フェイントを用いると相手は困惑し、より効果的だ。

コツ 2 行かないと見せかけて取りに行くパターン

●正クロス展開（❶）の時、前衛の基本ポジションは❶になる
●そこで1歩分左に寄り、相手にはサイドを守っていると意識させる
●相手後衛がセンターやクロスを打ってきたボールをポーチで仕留める

●右サイドのストレート展開（❷）の時、前衛の基本ポジションは❷になる
●1歩分左に寄り、逆クロスはしっかり抑えていることを相手に意識づける
●相手後衛が逆クロスを打てないと判断し、ストレートに打ってきたボールをポーチ

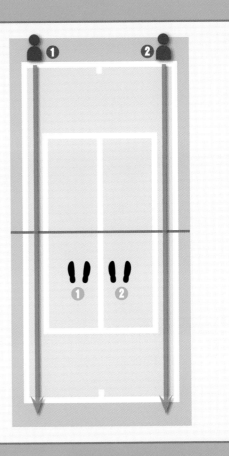

コツ 3 駆け引きを巧みに操り相手にプレッシャーを与えていく

　自分が相手後衛の裏をかこうとしているように、相手後衛も自分を欺こうと考えている。実力差がない相手との試合ほど、そうした駆け引きで優位に立つことが、試合の行方を左右する。

各ゲームの1本目の動き方で自分のスタイルを知らしめる

コツ

❶ 積極的に取りに行き
チームを勢いづける

❷ 相手の様子を見て
堅守を印象づける

❸ 試合展開や対戦相手で
1本目を決める

1本目のプレーがその後の布石になる

　各ゲームの1本目のポイントで、前衛は
どのように動くのが、その後の展開を考え
た時に効果的か。積極的にポーチに出てい
くのも、守りを固めて相手の様子を見るの
も、どちらが正解ということはない。

　積極的に出ると、相手には「どんどん出

てくる前衛だな」と思わせ、甘いボールは
打てないというプレッシャーを与えられる。
一方、1本目は守りを固めると、「それほ
ど出てこない前衛」と印象づけ、その後の
プレーで取りに行きやすくなる。ペア間で
話し合い、1本目の動き方を決めよう。

1 積極的に取りに行き チームを勢いづける

　積極的に取りに行くと、当然、空いたサイドを抜かれるリスクも生じる。しかし、1本目であれば、仮に失ってもカウントは0ー1。すぐに挽回可能だ。もしポーチが成功し1ー0になれば、チームには勢いがつく。

2 相手の様子を見て 堅守を印象づける

　相手の様子を見るために、まずは守りを固めるのも一つの策。相手が「簡単にはサイドを抜けそうにない」と思ってくれたら、しめたものだ。後衛と打ち合っている限り安心と考えている隙を突き、ポーチに出やすくなる。

3 試合展開や対戦相手で 1本目を決める

　1本目のプレーは、自分自身がどういうタイプなのかはもちろん、相手との兼ね合いやそれまでのゲームカウントを考慮する。ペア間で意志の統一を図っておくことが重要だ。

できないときは ココ

どちらも主導権を握れていない試合序盤は、1本目は抜かれてもOKぐらいの余裕を持てば、積極性が生まれる。

チェックしよう!

□ 1本目を積極的に行くことの意味を理解し、実践できているか
□ 1本目は様子を見ることも選択肢として持てているか
□ ペア間で意志の統一ができているか

相手後衛の心理を逆手に取り連続プレーで逆襲する

試合では、ネットから離れてポジションを取らざるを得ない場面もある

ローボレーをすると判断したら、ヒザを曲げて低い姿勢で構える

相手後衛の動きを見て、ポーチに出る準備を。タイミングを見計らう

進みたい方向の脚から踏み込む。行く時は躊躇せずに思い切り良く

1 2 5 6

相手がフォローでつないだボールをポーチ

　ラリー中、ローボレーをしたとする。相手後衛は、余裕を持ってフォローできても、続けざまに攻めてくることはなく、一度後衛につなぎに行くことが多い。後衛にはその時、打てるコースは多いが、だからこそミスしたくないという心理が働くからだ。

　前衛としては、そこが狙い目になる。つなぎのボールはスピードや威力はそれほどない。思い切って飛び出し、ポーチを決めよう。このプレーには、たしかなボレーの技術に加え、スピードや筋力も不可欠。自分の武器にし、ここ一番で使いたい。

コツ
❶流れるような連続プレー
　から得点する
❷1ポイントがほしい
　場面で使う

チェックしよう!
□ボレーをフォローする際の相手後衛の心
　理を理解できているか
□1ポイントがほしい勝負どころでポーチを
　狙えているか

まずしっかりローボレー
をつなげる

すぐに体勢を整える。右
足が次のボレーに向い
ているのが分かる

3

4

左下⑤へ

相手のつなぎのボー
ルは強打ではない。
ボールをよく見て対応
しよう

7

相手がいないコースを
狙って、きっちりポイント
に結びつける

8

コツ2 1ポイントがほしい 場面で使う

　試合中、何度もこのプレーを試みても、相手は
やがて慣れ、その対応を考えてくる。味方の後衛
が打つコースがなくなって困っている時や、是が
非でも1点ほしいという場面で使おう。

カウントによる戦い方

各ポイントにおける臨み方も考えておく

　試合では、ポイントごとに状況が目まぐるしく変わっていく。試合全体を通した戦い方とは別に、各ポイントにおける臨み方も考えておくべきだろう。

　カウントオール（各ゲームの1本目、1－1、2－2、デュース）では、1本先行して優位に立ちたい。

　リードしているカウントで、2－0の時は前衛がサービスを打つことが多い。ファーストサービスをしっかり入れ、一気に突き放そう。

　3－0では追い込まれているのは相手である。断然有利な状況なので、勝負を急がないこと。気をつけたいのは、自分たちのレシーブゲームで、3－2やアドバンテージレシーバーの時だ。レシーバーは前衛に回ってくるケースが多いが、あと1本でゲームを獲れるとなった途端、消極的になってしまうプレイヤーが少なくない。いつも通りのプレーを心掛け、もし迷ったら無理せずロビングでつなごう。

　リードされているカウントでは、とにかく1本ずつ挽回する。1－3や0－3になっても諦めないように。1ポイントを獲ることで、相手が意識し始め、流れがこちらに傾くこともある。決して諦めてはいけない。

PART 3

サービス＆レシーブ

サービスの種類と特徴

オーバーハンドサービスとアンダーカットを使い分ける

コツ

❶ オーバーハンドサービスは
　スピードと確率を重視する
❷ アンダーカットサービスは
　レシーブしづらい有効球
❸ 自分のタイミングで
　始められるプレー

ファーストは攻撃的に、セカンドは確実に

　サービスは、頭より高い打点で打つオーバーハンドサービスと、肩より低い打点でボールに回転をかけて打つアンダーカットサービスとに大別できる。1ポイントに2本まで打てるので、ファーストサービスは攻撃的に打ち、入らなかったらセカンドサービスで確実に入れるのがセオリーだ。

　ただ入れるだけではなく、相手の弱点を突いたり、入れた後に自分たちの得意な展開に持ち込みやすいコースを狙っていく。また、セカンドサービスも簡単に相手に攻撃させないようにしたい。

コツ 1 オーバーハンドサービスは スピードと確率を重視する

オーバーハンドサービスをファーストサービスとして用いる時は、ボールにスピードや威力、回転のキレがあるのが望ましい。セカンドサービスではスピードをやや落とす。確実性を高めるため、打点を下げることもある。

コツ 2 アンダーカットサービスは レシーブしづらい有効球

アンダーカットサービスはボールに鋭い回転をかけ、バウンド後に変化させて相手にレシーブさせづらくするのが狙い。甘いボールにならない注意が必要だが、ボールが弾みにくいインドアのコートでは非常に有効で攻撃的だ。

コツ 3 自分のタイミングで 始められるプレー

サービスは唯一、自分のタイミングで始められるプレーである。集中力を高めて狙いを定め、高い確率で入れていきたい。自分たちの得意な展開に持ち込んだり、相手の得意な展開に持ち込ませないサービスを心掛ける。

できないときは ココ

サービスラインに立って狙う練習から始め、入るようになったら徐々に打つ位置を下げていく。

チェックしよう!

□サービスの目的がわかっているか
□オーバーハンドサービスとアンダーカットサービスの特徴を正しく理解できているか

オーバーハンドサービス①

ダイナミックなサービスで
自分たちに流れを呼び込む

コツ **1**　ダイナミックなスイングで上方向に抜く

① スタンスは肩幅よりやや広くとる。レシーバーの位置を確認し、集中して狙いを定める

② トスアップとテイクバックを同じタイミングで始めると、動きにリズムが出やすい

⑤ 全身のタメを一気に解き放つように、スイングを開始する

⑥ 肩甲骨をしっかり使い、最高点でインパクトできるようにする

ヒザを曲げてタメを作り、インパクトで解放

　オーバーハンドサービスはトスの出来が成否を分ける。右利きの場合、左手でボールを軽く握り、ヒジを伸ばしたまま、左肩の真上あたりに投げ上げる。同時にラケットを下から後方にまわし、背中に担ぐようにしてテイクバックを完了させる。

　この時、肩幅よりやや広めだったスタンスから右足を左足に寄せ、左ヒザを深く曲げる。そこでできたタメを解き放つようにラケットを上に振り抜き、最高点でインパクト。肩甲骨がうまく使えていると、肩、ヒジ、グリップが一直線で結ばれる。

左下⑤へ

③ ヒジを伸ばしたまま、
左肩の真上あたりに
丁寧に投げ上げる

④ 後ろ足を前足に寄せ、
前脚のヒザを深く曲
げることでタメを作る

⑦ ラケットを振り下ろす
意識ではなく、上方向
に抜くイメージ

⑧ すぐに体勢を整えて待
球姿勢に。次のプレー
に備えておく

コツ 2　3本の指で軽く握り
　　　　トスアップする

　トスは、ボールを親指、人差し指、中指の3本
で軽く持ち、薬指を軽く添えるように握る。力ま
ず、カラダ全体をリラックスさせるため、手のひ
ら全体で強く握らないようにする。

フラットサービスを基本とし
スライスやリバースも覚える

コツ

❶ボールを垂直に叩く
　フラットサービス
❷スライスは左方向に
　リバースは右方向に滑る
❸サービスは打つ前に
　しっかりコースを狙う

ラリーを優位に運ぶために集中してコースを狙う

　オーバーハンドサービスのうち、ボールをフラットにインパクトして強い打球となるフラットサービスは確実にマスターする。その上で、ボールをこするように打ち、バウンド後に左右に変化するスライスサービスやリバースサービスも身につくと、攻撃により幅を持たせることができる。

　とりあえず入れればいいという意識は捨て、試合の状況や相手の力量に応じて、クロスかセンターをきちんと狙う。そこにスライスサービスなどを織り交ぜ、相手にプレッシャーを与えていきたい。

1 ボールを垂直に叩く フラットサービス

　打ちたい方向に平行に足を並べる平行スタンスで構え、グリップはセミイースタン。ボールの中心を垂直に叩くように打つ。高い打点でインパクトでき、ボールが直線的に飛べば、最もスピードが出るサービスである。

2 スライスは左方向に リバースは右方向に滑る

　右利きの場合、バウンド後にボールが左方向に滑っていくのがスライスサービス。イースタングリップで握り、ボールの右斜め上部をインパクトする。ボールの左側を捉えるリバースサービスは、右方向に滑る軌道になる。

3 サービスは打つ前に しっかりコースを狙う

　より高いレベルを目指すなら、「ただ入れればいい」というサービスでは不十分。相手が苦手なコース、自分たちの得意な展開に持ち込みやすいコースなど、狙い所を明確にして打つ。事前に相手をよく見ることが大切だ。

できないときは ココ

サービス練習の際、サービスコート内に目標物を置き、それを当てることでコントロールを磨こう。

チェックしよう!

☐ フラットサービスが身についているか
☐ スライスサービス、リバースサービスを状況によって使い分けているか
☐ 狙ったコースにサービスを打てているか

アンダーカットサービス①

ボールに強烈な回転をかけ レシーバーに攻撃させない

コツ 1 ラケット面を右から左に鋭く振り抜く

イースタングリップで
ラケットを短めに握り、
オープンスタンスで構
える

軽く握っていたボー
ルをそのまま落とす
ようにトス。重心は
右足に置く

コツ 2 ボールの下をこするようにインパクトする

狙うコースを定め、ラ
ケット面を水平にした
まま大きくテイクバッ
ク

スイング開始。同
時に重心を左足に
移動させていく

ボールの下をこするようにインパクトする

　アンダーカットサービスは、ボールに強烈な回転をかけ、相手にレシーブしづらくさせるのが狙い。まずイースタングリップで短めにラケットを握り、オープンスタンスで構える。ラケット面が水平になるようにテイクバックを行い、右利きならば右か

ら左へ振り抜くようにスイングする。

　打点はヒザより低い高さ。ボールの下をこするようにインパクトすると、ボールに鋭い回転がかかる。この時、右脚から左脚に体重移動ができていると、スイングがスムーズになり、安定したサービスとなる。

ラケット面を相
手に向けながら
右から左にシャ
ープに振り抜く

左脚のヒザから
下を壁にし、ラケッ
トを上方向に
振り上げる

3

4

打点はヒザより低い
位置に。ボールの下を
こするようにインパク
ト

ラケット面とボール
との接触時間が長
いほど、ボールに回
転がかかる

3

4

コツ3 グリップを通常より短めに握る

　アンダーカットサービスでは、ボールにスピードは求めない。重要なのはラケットを思い通りに操作すること。そのためグリップを通常より短めに握ることで、操作しやすくする。

アンダーカットサービス②

相手のレシーブを崩し
自分たちのチャンスに変える

コツ

❶ センターを軸に
　時々ワイドを狙う
❷ バウンドを抑え
　ネット近くに落とす
❸ とくに前衛には
　甘いサービスは禁物

前後左右のコースを状況によって打ち分ける

　セカンドサービスでは確実に入れることが最優先されるが、ファーストサービスでアンダーカットを打つ時は、相手にレシーブしづらいと感じさせるサービスから自分たちのチャンスボールに結びつけたい。相手に強打させないためには、バウンドを極力抑えたサービスが不可欠だ。

　コースもきっちり狙っていこう。オーバーハンドサービスと同様、局面を考慮した上での左右への打ち分けも有効。さらに前後の揺さぶりも加えると、相手の攻撃の選択肢を減らすことができる。

コツ 1 センターを軸に時々ワイドを狙う

オーバーハンドと同様、しっかりコースを狙う。相手が角度をつけたレシーブをしにくいセンターを軸に、時々レシーバーをワイドに追いやるクロスや逆クロスを突くのが良さそうだ。相手の状況を見ながら臨機応変に。

コツ 2 バウンドを抑えネット近くに落とす

前後の揺さぶりを加えるとより効果的。ネット近くにバウンドの少ないサービスを打てれば、レシーバーはなかなか強打を打てない。ボールに多く回転をかけたサービスはコントロールが難しいが、きちんと習得したい。

コツ 3 とくに前衛には甘いサービスは禁物

相手前衛に対するアンダーカットサービスは要注意。ネット近くを狙ったサービスが甘くなれば、攻撃される上、いつも以上に素早くネットにつかれてしまう。スピードのある前衛には脚の長いサービスも織り交ぜる。

できないときは

まずは確実に入れることを考える。次にコントロールを安定させ、それから弾まない回転を加えていく。

チェックしよう!

☐ アンダーカットサービスを、センターやクロスに打ち分けられているか
☐ ネット近くを狙ったアンダーカットサービスを打てているか

レシーブの構えとポジション

正しいレシーブ位置をとり サービスの狙い目を与えない

コツ

❶ 対オーバーハンドは
　ベースライン付近で
❷ 対アンダーカットは
　サービスライン後方
❸ 前衛はレシーブ後
　素早くネットにつく

相手のファーストサービスはしっかり打つ

　相手がファーストサービスをきっちり入れてきたら、レシーブ1本で攻撃に転じるのは難しいが、相手のチャンスボールにしないことを最優先に考え、しっかり打って返球するか、ロビングでつなぐようにする。

　レシーブ位置は、利き腕やポジションに

よって多少異なるが、サーバーがオーバーハンドの時はベースラインあたりに正面を向いて構える。アンダーカットの時はサービスラインの少し後方で、やや横向きに構える。前衛はレシーブ直後にネットに素早くつくことも頭に入れておく。

コツ 1
対オーバーハンドは ベースライン付近で

オーバーハンドサービスに対しては、ベースライン付近で構える。待球姿勢はグラウンドストロークの姿勢を同じと考えていい。瞬時に左右どちらにも動けるように、両足に均等に重心を乗せ、肩の力を抜いてリラックスする。

コツ 2
対アンダーカットは サービスライン後方

アンダーカットサービスに対しては、サービスラインのやや後方で構える。バウンド後の変化に備え、横向きの体勢に。サーバーの利き腕や回転のかけ方を見て、変化を予測し、それに応じたポジションをとること。

コツ 3
前衛はレシーブ後 素早くネットにつく

前衛はレシーブ後、できるだけ早くネットに詰めなければならない。ネットまでの距離を短くするには、右利きはバックハンドでのレシーブが有効だ。ロビングで返球し、ネットに詰めるまでの時間を稼ぐ方法もある。

できないときは ココ

最初は攻撃のことは考えない。サービスが入ってきたら、相手後衛に安全に返すことを優先させる。

チェックしよう!

☐相手のサービスによって構える位置を変えられているか
☐ファーストサービスを相手後衛にしっかりレシーブできているか
☐前衛は素早くネットにつけているか

攻撃的なレシーブで相手のサービスを制圧する

コツ

❶ 甘いサービスは
見逃さずに攻める
❷ 対アンダーカットは
テイクバックを小さくする
❸ 返球のスイングを
コンパクトにする

相手のセカンドサービスは積極的に攻める

　ファーストサービスが甘かったり、セカンドサービスの時は攻撃のチャンスだ。長短織り交ぜたボールや前衛の頭越しのロビングで後衛を走らせたり、センター攻撃でラリーを優位に進めたい。前衛アタックで直接得点を狙ってもいいだろう。

　注意を払いたいのは、アンダーカットサービスの返球だ。バウンドが小さいので重心を低くし、テイクバックもスイングもコンパクトに行う。セミイースタングリップからスライス回転をかけ、逆にネット際にショートボールを狙う手もある。

コツ 1 甘いサービスは見逃さずに攻める

甘いサービスは絶対に見逃さない。前衛アタックやショートボールで直接得点を狙う。またはセンター攻撃や前衛の頭越しのロビングなどでチャンスボールを作り、次の確実に決める。積極的に攻めて主導権をつかもう。

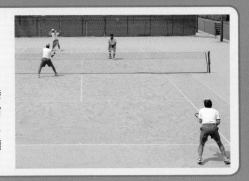

コツ 2 対アンダーカットはテイクバックを小さくする

アンダーカットサービスは、小さいバウンドでネット近くに打たれたら、強打でレシーブすることはできない。打たれた瞬間にボールの質を見極め、バウンド後の変化を予測。腰を落とし、テイクバックを小さくする。

コツ 3 返球のスイングをコンパクトにする

スイングもコンパクトに行う。相手前衛のサービスであれば、ネットに詰めてくる際の足元を目がけて返球するのも有効だ。レシーブしたら後衛は後ろに、前衛は前に移動することを考慮してプレーを選択する。

できないときは ココ

ロビングやショートボールで相手を前後に振るのも良いだろう。

チェックしよう!

- □ 相手の甘いサービスをレシーブで攻撃できているか
- □ レシーブの攻撃は、選択肢を複数コース準備できているか

ファイナルゲームの戦い方

ゲームで成功していたパターンで組み立てる

あと1ゲームで勝敗が決まるというファイナルゲーム。

7ポイント先取で争われる点は、それまでのゲームと異なるが、ソフトテニスの本質的なルールまで変わるわけではない。それなのにファイナルを迎えると、守りに入ってしまい、思い切ったプレーができなくなるプレイヤーが多い。

ファイナルにもつれ込むということは、相手との力関係は互角に近い。〝ビビる〟必要はまったくないのだ。

ファイナルゲームに入ったからと言って、プレースタイルを変えることもない。

基本的には、それまでのゲームで成功していたパターンで組み立て、常にリードしながら試合を進めたい。それまで使っていないプレーで相手の意表をつこうとするプレイヤーもいるが、失点のリスクを考えると、あまりお勧めはできない。

そして、もしリードされても2点差以内にとどめたい。2点差なら1ポイント獲ることで1点差となり、追いつける可能性が一気に高まるからだ。

いずれにしても積極性を失うことなく、どれだけいつも通りのプレーを続けられるかが、ファイナルゲームのその試合の結末を左右する。

PART 4

ダブルスの ゲームプラン

2人が前後に並ぶ雁行陣と横並びになる平行陣がある

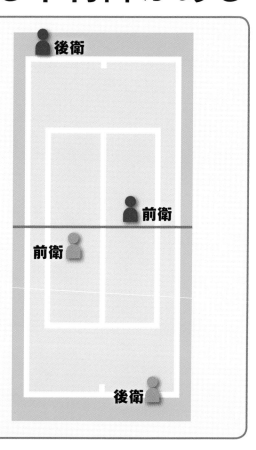

コツ 1 2人が前後に位置し役割分担が明確な雁行陣

●1人がベースライン付近でグラウンドストロークを軸にラリーを組み立てる（＝後衛）。もう1人がネットプレーで得点する（＝前衛）。

●2人が同サイドに重ならないようにする。前衛はボールが自分の頭を越えたら逆サイドにポジションチェンジ。

●前衛の基本ポジションは、ネットから約1.5m離れ、かつ相手後衛の打点と自分のコートのセンターマークとを結んだ直線上。

バランスの取れた雁行陣がオーソドックス

　ダブルスは、2人の特徴を最大限に生かせるように並ぶ。2人が前後にポジションをとる「雁行陣」は、もっとも一般的な陣形だ。1人がベースライン付近でグラウンドストロークを軸にラリーを組み立て、ネットに近い位置にいるもう1人が、ボレー

やスマッシュで得点していく。

　近年、増えつつあるのが「ダブルフォワード」。2人でネット近くに並び、速いテンポで勝負を仕掛ける。逆に「ダブル後衛」は、2人がベースラインあたりに並び、粘り強いラリーで勝機を見出していく。

コツ 2 2人が平行に並ぶ ダブルフォワードとダブル後衛

ダブルフォワード

●2人がネットに詰め、攻められる前に一気にポイントを挙げる攻撃的な陣形。動きが少ないため、スタミナの消耗がそれほど激しくない。

●2人の間を突かれたり、後方をロビングで狙われた時にどうするか。あらかじめ事前に話し合っておく。

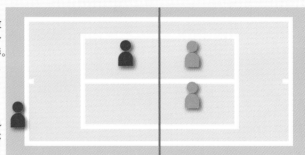

ダブル後衛

●ベースライン上でグラウンドストロークをつなぎ、相手のミスを待つ。安定したストローク力と粘り強さが不可欠。

●ダブルフォワードと同様、2人の間に来たボールをどうするか。また、ネット際に落とされるボールへの対応も課題になる。

コツ 3 相手や状況に応じて 陣形を変化させる

　初級レベルのプレイヤーは、まず雁行陣から動きを覚え、徐々にダブルフォワードやダブル後衛も覚えていく。1つの陣形に決めるのではなく、相手や試合状況に応じて変化させるのがいいだろう。

自分たちの調子や相手の情報を 元にプランを立てて試合に臨む

コツ

❶ 2人で紙に書き 考えを合わせる

❷ 試合前の乱打で 相手のタイプを知る

❸ 風向きなどのコンディ ションを考慮する

プランを持たずに試合に入っていかない

　試合には、しっかりプランを練ってから 臨もう。その日の最初の試合や情報のない 相手との対戦では、まずは様子を見ていく のがオーソドックスだ。とは言え、1ゲー ム目はなるべく落としたくないので、要所 を締めながら優位に進めたい。

　その日の2試合目以降だったり、対戦相 手をよく知っている場合は、その情報を元 にプランを立てればいい。自分たちの調子 や相手の強み、弱点はもちろん、風向きな どのコンディションも考慮すべきだろう。 なんとなく試合に入っていかないこと。

コツ 1 2人で紙に書き 考えを合わせる

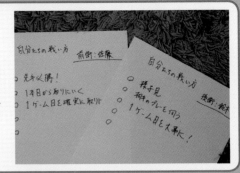

　練習の合間や時間がある時に、「自分たちがどんなテニスをしたいのか」を1人1人紙に書き出し、それがペア間で一致するかどうか試してみよう。違う内容だったら、改めて話し合い、考えをすり合わせる必要がある。

コツ 2 試合前の乱打で 相手のタイプを知る

　試合前の乱打からは、相手の様々な情報が得られる。どんなショットが得意で、弱点はどこなのか。動きのクセもあるかもしれない。漠然と乱打を行わず、相手をしっかり観察し、これから始まる試合に生かしていく。

コツ 3 風向きなどの コンディションを考慮する

　試合では、どちらのコートに入るかで結果が左右されるケースもある。とくに屋外では風向きや日差しがプレーに大きく影響するからだ。自分たちにとって、どちらが好都合かを考え、サイドを選択するべきである。

できないときは ココ

まずは自分たちの得意なプレーをぶつけていく。うまく行けば続けていき、阻まれたら次の策を考える。

チェックしよう!

☐ 自分たちがやりたいプランを紙に書き、ペア間で合わせられているか

☐ 試合前の乱打から相手の情報をつかめているか

☐ コンディションを考慮できているか

良いイメージを思い描き
自信を持って試合を迎える

コツ

❶コートに立った目線で
イメージする
❷コート上から俯瞰して
イメージする
❸プレー中も一つ先
二つ先をイメージ

よし！
あの攻め方を
しよう！

明確なイメージほど実戦に生かしやすい

　頭の中で良いイメージを持ち、前向きな気持ちで試合を迎えることは大切だ。ライバルや次の対戦相手と試合をしている場面を思い描く。自分がコートに入り、こんなショットで相手を動かしたり、ポイントを獲っていくという流れを想像する。良いイメージで試合を進めていけばいいので、問題なく勝つことができるだろう。

　次にコートを上から俯瞰し、自分も含めた４人が試合をしている様子をイメージする。コートに立っている時は見えないコースや相手の動きが見えることがある。

コートに立った目線で
イメージする

自分がコートでプレーしている時の場面をイメージする。前衛であれば相手の2人、後衛であれば相手2人とパートナーが視界に入っているはず。得意なプレーで相手を崩したり、ポイントを挙げていこう。

コート上から俯瞰して
イメージする

自分を含めて4人がプレーしている姿を俯瞰する形でイメージする。コートでプレーしている時は見えなかったコースや相手の動きが見えることもある。実際の試合では、そこを生かして主導権を握りたい。

プレー中も一つ先
二つ先をイメージ

試合中も次のプレー、次のプレーを常にイメージしていく。自分が打ったボールに対し、相手がどんなショットで返球してくる可能性があるのか。コンマ何秒かの間にイメージできれば、対処もしやすくなる。

できないときは
ココ

自分たちの試合を録画し、あとで見直すのも次の試合の対策を考える上で効果的。

チェックしよう!

☐ コートに立った目線で、あるいは俯瞰する形でイメージできているか
☐ 試合中、1つ1つのプレーの前に次のプレーをイメージできているか

自分たちの強みを整理し
得意なパターンに持ち込む

コツ
❶自分たちの得意な
　パターンに持ち込む
❷行き詰まったら戦術の
　切り替えを早く
❸あえて相手の勝負球を
　おさえに行く

相手よりもまず自分たちが何をしたいのか

　試合では、自分たちの得意なパターンに持ち込み、得点を重ねていくのが理想だ。それにはあらかじめ自分やパートナーの武器を理解していなければならない。その上で2人で協力し合ってプレーする。

　ただ、得意なパターンに持ち込めても、

それが通用しないこともある。大切なのは、取り返しのつかなくなる前にそこに気づけるか。戦術の切り替えを決断したら相手のことを考える。流れを変えるためには、あえて相手の勝負球を狙いに行き、勝負してきた所をつぶすのも一つの手だ。

コツ 1 自分たちの得意な パターンに持ち込む

　後衛と前衛、それぞれに得意なショットやコースがあるはず。それらを生かし、ポイントが決まる可能性が高いパターンで勝負していきたい。得意なパターンはペア間で1つよりも、2つ、3つとあるのが理想だ。

コツ 2 行き詰まったら戦術の 切り替えを早く

　得意なパターンもそればかりに頼っていたら、相手は次第に慣れて対応してくる。重要なのは、悪い流れになる前にそこに気づけるかどうか。ペアで連携し合い、戦い方やリズムを変えながら試合を進めていこう。

コツ 3 あえて相手の勝負球を おさえに行く

　戦術を切り替える時は、相手のことを考える必要が出てくる。あえて相手の勝負球を狙っておさえに行くのも一つの策だ。リスクはあるが、相手の最高の攻撃を止められれば、相手が受けるダメージも大きい。

できないときはココ

普段の練習や生活からパートナーをコミュニケーションを図り、得意なプレーやどんな性格かを知っておく。

チェックしよう!

□自分たちの得意なパターンに持ち込み、得点をできているか
□得意パターンが通用しない時、すぐに気づき、戦術を切り替えられているか

センターを突かれた相手は
角度をつけた返球をしにくい

コツ
1
クロスへの攻撃は
相手に隙を与える

●チャンスボールが来た時、相手前衛Aは
自分へのアタックを警戒し、サイドを固め
る。レベルの高い相手には、そういう場面
での前衛アタックはなかなか決まらない。

●そこで相手後衛Bのサイドに角度をつ
けたクロスを打ち込む。ここで決まれば良
いが、後衛Bが打ち返す体勢を作れている
と、サイドパッシングで攻撃に転じやすい。

●前衛Cはそのサイドパッシングを決めさ
せないために、サイドに寄らざるを得ない。
結果、後衛Dの守備範囲が広くなってしま
う。

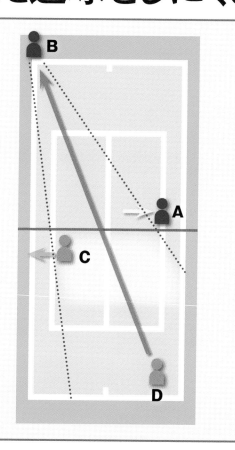

センターから打つボールは角度をつけにくい

　互角のラリー中やチャンスボールが来た
時、相手のセンターを狙ったり、預けたり
する攻撃の考え方がある。そのメリットは
多い。

　相手後衛は、センターに来たボールを打
つには角度をつけたコースは狙いにくい。

結果、自分たちは守備範囲が狭くなる。1
本の攻撃で決まらなくても、相手後衛がつ
ないだボールを前衛が決めたり、サイドに
できるオープンスペースを突けばいい。相
手が並行陣を敷いているなら、センター攻
撃でお見合いする可能性も生まれる。

コツ

❶クロスへの攻撃は相手に
　隙を与える
❷相手後衛は、角度をつけ
　た返球がしにくい
❸Wフォワードにも有効

チェックしよう!

□センター攻撃の考え方を理解しているか
□相手がセンターから打つ時、正しいポジ
　ションを取れているか

コツ 2 相手後衛は、角度をつけた返球がしにくい

●チャンスボールではセンターを攻めるのが効果的。相手前衛Aはサイドを固めているので、そのすぐ横も通しやすい。

●センターから打つことになる相手後衛Bは、角度をつけた返球をしにくくなる。前衛Cは一歩センター寄りのポジションを取れ、その分、後衛Dの守備範囲も軽減される。

●センターを突くという考え方は、形勢が不利な場面でも有効。ラリーで押されている時、打つ所がない時などに深いロビングでセンターに落とし、角度がつけにくい相手後衛Bのボールを前衛Cがポーチで決める。

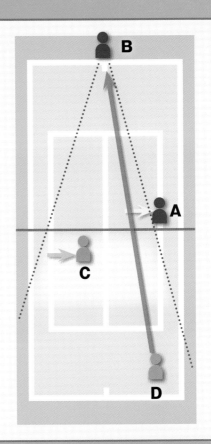

コツ 3 ダブルフォワードにもセンター攻撃は有効だ

ダブルフォワードやダブル後衛の相手にも、センターを突く攻撃を仕掛けよう。狙う前にワイドを意識させておくことが重要だ。2人の間のコースは譲り合ってしまいがちで、対応が意外と難しい。

前衛がレシーブ直後に
自らポーチに出て決める

コツ **1** 相手後衛が
サービス時の
レシーブとポーチ

●オーバーハンドサービスを打った直後
のサーバーは、体重が前に来ている。

●その瞬間に速く深いレシーブを返せれ
ば、サーバーは体勢が整わないまま、もし
くはポジションを下げて、次のボールを打
たなければならない。

●苦しい体勢からパッシングで逆クロス
を打ってくることはほぼない。思い切ってス
トレートにポーチに出る。

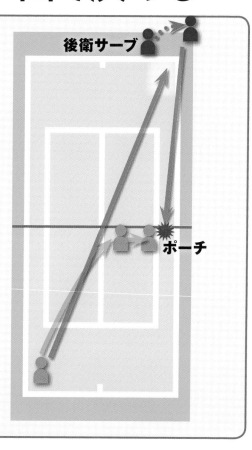

後衛サーブ

ポーチ

相手後衛のつなぎのボールを狙う

　相手後衛のセカンドサービスを、前衛が
逆クロスにレシーブする場面。サーバーは、
返球されたレシーブを相手後衛に返球する
傾向が強いので、そこをポーチで決める。
そのために、まず深いボールでレシーブし、
押し込まれたサーバーがストレートに返球

するボールを狙おう。それが決まると、ショー
トボールのレシーブも有効になる。

　相手前衛がサービスの時は、レシーブで
センターを突き、相手後衛を回り込ませる。
その後衛は無難につなごうとするケースが
多いので、すかさずポーチで狙う。

コツ 2 　相手前衛がサービス時のレシーブとポーチ

●前衛は、サービスを打ったら早くネットに詰めようという意識が働く。

●レシーバーである前衛は、ダッシュしてくる相手前衛が届かないセンターのコースにレシーブし、相手後衛を回り込ませる。

●回り込んで打たざるを得ない相手後衛は、オーソドックスに相手後衛（クロス）に返球するケースがほとんど。

●そのボールをポーチに出て決める。

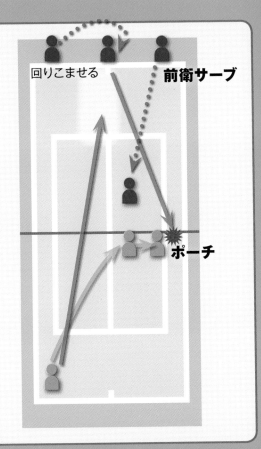

回りこませる　前衛サーブ

ポーチ

コツ 3 　ショートボールのレシーブからポーチで決める

　コツ1のようなプレーを序盤でできれば、サーバーは次から深いレシーブを意識する。そこで今度はショートボールのレシーブで揺さぶりをかけ、サーバーが辛うじて拾ったボールをポーチに行く。

ロビングを使い得意な展開にする

コース変更をするロビングで 展開をコントロールする

コツ
1
クロス展開と ストレート展開の スイッチ

●クロス（逆クロス）展開をストレート展開に、またはストレート展開をクロス（逆クロス）展開に持ち込む時、相手前衛Aの頭越しのロビングを打てばいい。

●相手後衛Bは走って拾いに行く。相手前衛Aは逆サイドの定位置につく。そこで展開を変えることができている。

●前衛の頭越しのロビングは、浅くなってしまうとスマッシュで叩かれるので、ベースラインを狙って深く打つ。

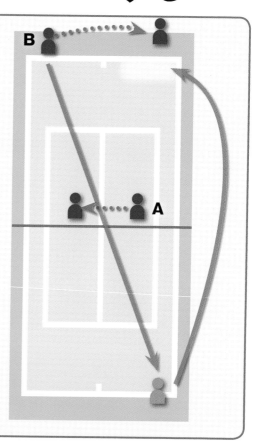

攻撃の前に得意な展開を作っておく

　クロス展開だと後衛のストロークが生かせる、右ストレート展開からの前衛のポーチが武器だといったように、雁行陣を敷くペアには得意な展開があるはずだ。逆クロス展開や左ストレート展開をプレーしやすいと考えているペアもいるだろう。

　ラリーが始まったら、そうした得意な展開に持ち込んでいく。簡単なのは、ロビングを使って相手を動かす方法。たとえばクロス展開をストレート展開に変えたいなら、相手前衛の頭越しを狙ったロビングで相手後衛を走らせればいいわけだ。

コツ

❶クロス展開とストレート展開のスイッチ
❷自分たちの得意な展開にするためにロビングを活用
❸得意な展開にさせない

チェックしよう!

□ロビングを使い、得意な展開に持ち込めているか
□クロスから逆クロスなど、自分たちが動く展開の変更もできているか

コツ 2 自分たちの得意な展開にするためにロビングを活用

●クロス展開から逆クロス展開に振りたいのであれば、右のストレート展開を多用することで後衛を動かすと良い。しかし、相手前衛のAがポーチを狙いにくるので、それを避けるためにロビングを活用しよう。
●ロビングは、できるだけ相手後衛Bの深い位置を狙って打とう。
●自分たちの得意な展開に持ち込むためには、ロビングだけでなく、様々なボールを活用することが重要だ。

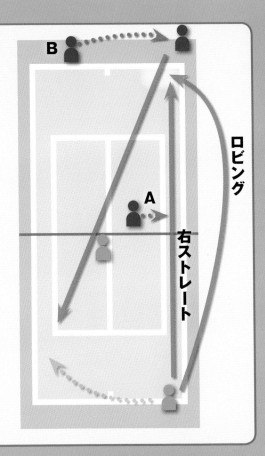

B

A

ロビング

右ストレート

コツ 3 相手には得意な展開に持ち込ませない

　自分たちの得意な展開に持ち込むだけでなく、相手が苦手としている展開に持ち込むのも戦略上、とても意味がある。試合が進む中で、相手が嫌がる展開を探り出し、ペア間で共有する。

相手前衛が対処しづらい
サイドライン際を狙う

コツ **1** パッシングは
サイドライン際に打つ

●クロスや逆クロス展開のラリーからストレートにパッシングで抜く。または、ストレート展開のラリーからクロスや逆クロスにパッシングで抜く場面。
●相手前衛は、左右にラケット1本分の範囲であれば届いてしまうが、それを1.5本分遠くにすることで、一気にプレッシャーを感じる。
●何とか届いても、ボレーがチップしたりアウトしやすくなる。

勇気を持って厳しいコースを突いていく

　どのショットを打つ時も、相手にとって厳しいサイドライン際を狙っていきたい。たとえば相手前衛をパッシングで抜く際、その前衛のポジションとボールとの距離は遠いほど抜きやすい。また、相手前衛がサービスやレシーブ直後にネットに詰めてくる時、うまくクロスや逆クロスにショートボールを落とせると、その前衛は死角を突かれる形となり、対処しづらい。

　厳しいコースを打つのは勇気がいるが、より上級レベルを目指すのであれば、身につけておくべき不可欠な技術である。

コツ 2　詰めてくる前衛の死角を突くコース

●相手前衛のサービスやレシーブの場面。
打った直後にネットに詰めてくると、センタ
ー寄りにポジションを取ろうとする。

●それに対して、相手後衛に返球するの
がオーソドックスなプレーだが、あえてクロ
スや逆クロスへのショートクロスでサイド
ライン際に落としていく。

●非常に狭いコースを狙うため、かなり高
度なテクニックと勇気が必要。しかし、決
まれば相手前衛にとっては死角を突かれ、
対処しづらい。

コツ 3　練習時、サイドラインから30㎝中に目印を置き、狙って打つ

　練習の時に、ポイントやマーカー、ペット
ボトルなどをサイドラインから20〜30㎝中に置き、
それを狙って打つようにする。ボウリングで1番
ピンを狙って投げるのと同じイメージだ。

ダブルフォワードの戦術①

サービスやレシーブ後はできるだけ早くネットにつく

コツ 1 レシーブからのネットダッシュ

1 レシーブに気持ちを集中しながらも、次にネットへ早く詰める心の準備も

2 深いロビングでのレシーブは、移動する時間を稼げる

コツ 2 アンダーサービスからのネットダッシュ

1 アンダーカットサービスの方がネットダッシュの時間を稼げる

2 打ち終わったらすばやく前へ。流れを切らさないようにしたい

相手に攻められる緩慢なネットダッシュは厳禁

　2人がともにネット近くでプレーするダブルフォワード。自分がサーバーやレシーバーの場合、打った後すぐに基本ポジションであるサービスラインあたりまで詰めることを前提に考えておく。

　サーバーの時はアンダーカットサービスで、レシーバーの時はロビングで深い返球をすると、前にダッシュする時間を作りやすい。ただし相手が打つ体勢に入ったら、本来のポジションに到達できていなくとも一旦止まり、待球姿勢で構える。無理な突進でカラダのバランスを崩さない。

コツ

❶レシーブからの
　ネットダッシュ
❷アンダーサービスからの
　ネットダッシュ
❸基本ポジションの確認

チェックしよう!

□サービスやレシーブを打った直後、すば
　やく前方にダッシュできているか
□相手が打つ体勢に入ったら、その場で止
　まり、待球姿勢を作れているか

❸レシーブ後はいち早く前方にダッ
　シュ。サービスライン内に入りたい

❹相手が打つ体勢に入ったら、その場で
　止まり、待球姿勢を作る

❸取るべきポジションに向かって
　最短距離でダッシュする

❹相手が打つ時はその場で待球姿勢に。
　無理な突進でバランスを崩さない

コツ 3 基本のポジションは サービスラインの前後

　ダブルフォワードでは、どちらのプレイヤーも
ネットには詰めず、サービスラインの前後に横に
並ぶのが基本。ただ、1歩分程度の前後差をつけ
た方が、互いの役割が明確になる。

ダブルフォワードの戦術②

相手に低い打点から打たせ浮いたボールを確実に叩く

コツ
❶ カットストロークでバウンドを抑える
❷ ローボレーで相手を前後左右に揺さぶる
❸ 浮いたボールを確実に決める

ショートボールやスライス系ショットが有効

　ダブルフォワードのペアは、必然的にボレーやスマッシュの機会が多い。それを効率良く決めるには、相手の返球を浮かせ、自分たちのチャンスボールにすればいい。

　サーブの時はアンダーカットサービスが有効。レシーブではショートボールやスラ

イス回転をかけた返球で、ボールの弾みを低く抑える。ローボレーでは相手の足元やワイドを狙ったりして揺さぶる。相手に高い打点から打たせないようにし、浮いたボールを叩いて確実にポイントに結びつけていく。

コツ **1** カットストロークで
バウンドを抑える

セミイースタンやイースタングリップで握り、ラケット面を開いて上からカットするように打つ。ボールにスライス回転がかかり、バウンドを低く抑えられるので、受ける側は低い弾道の返球が難しくなる。

コツ **2** ローボレーで相手を
前後左右に揺さぶる

ダブルフォワードでは、ローボレーを打つ機会が多くなる。1本で決めるのは難しいが、つなぎながらも攻撃的な姿勢は失わないようにしたい。重心を低く保ち、相手を前後左右に揺さぶるボールを打っていく。

コツ **3** 浮いたボールを
確実に決める

相手の返球を浮かせることができたら、得点する絶好のチャンスだ。スマッシュやハイボレーで確実に決めていこう。決定打を何度も逃していると、相手にリズムが出てくるので、チャンスでは一気に畳み掛けたい。

できないときは ココ

ボレーやスマッシュは相手がいない場所を狙うのがセオリー。できない時は、相手前衛の足元を狙っていく。

チェックしよう!

☐ ショートボールやカットストロークで、バウンドを抑えた打球ができているか
☐ ローボレーをしっかりマスターし、相手を前後左右に揺さぶれているか
☐ チャンスボールを確実に決めているか

両サイドをワイドに使い
センターへは強打で打ち込む

コツ

❶足元に沈める
ボールで布石
❷サイドライン際を
狙って打つ
❸2人の間を狙って打つ

足元に速いショートボールでボレーを浮かせる

ダブルフォワードのペアとの対戦では、まず考えたいのが両サイドを広く使って攻めること。ただ、相手が待ち構えていたら1本ではなかなか決まらない。強打をしても速いボレーで返される可能性が高い。

そこで、相手の足元に沈める速いショートボールがカギになる。スピードが遅く、低い打点で打つボールは浮きやすい。そのボールをサイドのコースを狙ったり、2人の間のセンターを突いていく。サイドに打つ時はサイドラインいっぱいを目掛けて、センターには強打で打ち込もう。

コツ 1 足元に沈める ボールで布石

　ダブルフォワードのペアが、相手の返球を浮かせて叩くことを一つの戦術にするのと同様、相手がダブルフォワードの時も返球を浮かせることが攻略のカギになる。足元に沈めるゆっくりしたボールが効果的だ。

コツ 2 サイドライン際を 狙って打つ

　ダブルフォワードのペアは、2人の間を抜かれまいとする意識が働いているケースが多い。そうなるとストレートのパッシングや、クロスへのショートボールが威力を発揮する。ライン際の厳しいコースを狙おう。

コツ 3 2人の間を 狙って打つ

　両サイドをワイドに使った攻撃が決まり、相手がサイドをケアし始めたら、今度は2人の間に隙が生じる。センター攻撃のチャンスだ。強打で攻めると、相手がお見合いしたり、どちらが打つかの判断が一瞬遅れることがある。

できないときは ココ

1人のプレイヤーを徹底的に攻撃する。ある程度続けると、相手もその対策として戦術を変更するかもしれない。

チェックしよう!

□ 足元に沈めるボールで、次のプレーのための布石を打てているか
□ 両サイドをワイドに使い、ライン際を狙った攻撃ができているか
□ センターに強打を打てているか

ダブルフォワード対策②

脚の長いボールやロビングで ネットへの詰めを封じ込める

コツ

❶脚の長いサービスで ダッシュを遅らせる
❷足元を突くレシーブで 簡単に前進させない
❸頭越しのロビングで 相手を後方に下げる

クロスへのサービスでネットから遠ざける

　サイドやセンター攻撃以外のダブルフォワード対策としては、相手を簡単にネットに詰めさせないのも効果的。自分たちがサービスの時は脚の長いサービスで、レシーブからのダッシュを遅らせる。センターよりクロスを狙った方が、相手がネットに出る時間を稼げる。また、相手のサービスゲームでもサーバーの足元を突くレシーブで、前進してくる動きを封じ込めよう。

　ネットに詰められたら、ロビングで相手を後方に下げる。深い、高い、速いを使い分けロビングで状況を打開したい。

コツ 1 脚の長いサービスで ダッシュを遅らせる

　相手がダブルフォワードの場合、簡単に前に出てこさせなければ、一気に攻められることもない。サービスは深めに、かつクロス及び逆クロスに打つことで、相手はネットから遠ざかることになり、ダッシュも遅れる。

コツ 2 足元を突くレシーブで 簡単に前進させない

　前に詰めてくるプレイヤーに簡単にボレーを打たせないことがポイント。相手のサービスゲームでは、レシーブはサーバーの足元を狙っていこう。カラダの正面やサーバーの死角となるショートボールも有効だ。

コツ 3 頭越しのロビングで 相手を後方に下げる

　ダブルフォワードのペアにとって、ベースライン付近に落とされるロビングは厄介なもの。逆に考えれば、相手にした時はスピードのある中ロブが生きてくる。甘いロビングにならないようにして相手を下がらせたい。

できないときは ココ

自分が前衛だった場合を想像し、相手にどうされたらネットに詰める動きが遅れてしまうか考えてみよう。

チェックしよう!

☐ 脚の長いサービスで相手のダッシュを遅らせることができているか
☐ 変化をつけたレシーブで前進を封じ込められているか
☐ ロビングで相手を下げられているか

ダブル後衛の基本戦術は
ラリーで粘り強くつなぐ

コツ
❶ ラリー中、短いボールを
　何とか追いついて拾う
❷ チャンスボールは
　得点に結びつける
❸ 相手がダブル後衛なら
　前方におびき出す

相手がダブル後衛なら短いボールでおびき出す

　もともとダブル後衛のペア以外でも、展開によっては2人がベースライン付近でプレーせざるを得ない場面もある。戦い方としては、粘り強く拾うことで相手のミスを誘ったり、チャンスボールを生み出す。ロビングやショートボールを駆使し、相手を前後左右に揺さぶっていこう。

　相手がダブル後衛を基本陣形していたら、ショートボールでネット近くにおびき出す。どちらか一方のプレイヤーを徹底的に攻めてリズムを崩したり、2人の間を突いてどちらが打つか迷わせるのもいいだろう。

コツ 1 ラリー中、短いボールを 何とか追いついて拾う

　パッシングショットによほど自信があれば別だが、基本的には粘り強くラリーをつなぐ戦い方が中心になる。相手は長短織り交ぜたボールで陣形を崩そうとしてくるので、フットワークを生かして拾いまくろう。

コツ 2 チャンスボールは 得点に結びつける

　常につないでばかりいても相手は怖さを感じない。甘いボールが来たら、逃さずに攻めていくこと。前衛にぶつけたり、サイドをパッシングで抜き、着実にポイントを挙げたい。もちろんネットプレーで決めてもいい。

コツ 3 相手がダブル後衛なら 前方におびき出す

　相手がダブル後衛の場合は、ネット近くに落とすショートボールで前におびき出し、陣形を崩していく。そのプレイヤーは、ネットプレーがそれほど得意でないケースが多いので、様々な形で攻撃を繰り出せるはずだ。

できないときは ココ

ロビングを効果的に使い、相手をイライラさせるのも手だ。焦らせてショットミスを誘ってみよう。

チェックしよう!

☐ 粘り強いラリーからチャンスボールを生み出せているか
☐ チャンスで確実に決められているか
☐ 相手がダブル後衛の時、短いボールで前におびき出せているか

ア行

▶ **アプローチショット**
チャンスをみつけてネット方向へ前進する
ための攻撃的なショット。

▶ **エース**
相手プレイヤーがラケットに触れられず、
ポイントになるショット。

カ行

▶ **カット**
ボールを切るようにして打つこと。またそ
の打球。

▶ **グラウンドストローク**
コートにワンバウンドしたボールの打つこ
と。またその打球。

▶ **クロス**
ボールがコートの対角線上に飛ぶこと。ネ
ットに向かって左方向に打つのが正クロス。
右方向に打つのが逆クロス。

▶ **シュートボール**
直線的に速く鋭く飛ぶ打球。

▶ **スイングボレー**
ラケットを振り切って打球するボレー。

▶ **スクリーンプレー**
ダブルスでパートナーがカラダなどで目隠
しの役割をし、相手側の視線をさえぎるプ
レー。

▶ **スタンス**
ボールを打つときの足の位置や構えのこと。
オープンスタンス、平行スタンス、クロー
ズドスタンスなどがある。

▶ **ストレート**
コートの縦のライン沿いのこと。またはそ
れに沿って飛ぶボール。クロスと対称して
使われることが多い。

▶ **スライス**
ラケットでボールを切って、ボールに回転
を与えること。

サ行

▶ **ショートボール**
ネット近くに落とす短いボール。

タ行

▶ **中ロブ**
シュートボールとロビングの中間で、攻撃
的な速いロビングのこと。

▶**ツイスト**
ボールを強く捻ったり、ねじ曲げて短いボールを打つこと。

▶**ドライブ**
①ボールにトップスピン（順回転）をかけること。
②グラウンドストロークや、シュートと同義で、コート面と平行にネット上近くを直線的に速く鋭く飛ぶ打球を指す場合もある。

ナ行

▶**ネットプレー**
ボレーやスマッシュなど、ネット際で行われるプレーの総称。

ハ行

▶**パッシング**
相手のネットプレイヤーの左右を抜き去ること。またその打球。パスとも言う。

▶**フェイントモーション**
相手をあざむいたり、牽制したりするための動き。

▶**フォーメーション**
雁行陣や平行陣など、ダブルスにおける陣形や隊形のこと。

▶**フォロー**
打球についていくこと。相手の決定的な打球を拾ったり、受け返すこと。ボレーやスマッシュに対してフォローと呼ぶことが多い。

▶**フラット**
平面。ボールがラケットと垂直にあたること。

▶**ポーチ**
ダブルスで、味方の後衛が打つべきコースのボールを前衛が横から飛び出してボレーすること。

ラ行

▶**ライジングストローク**
バウンドしたボールをバウンドの頂点に達する前に打つボール。またその打法。ライジングとも言う。

▶**ラリー**
ボールの打ち合い。乱打、連打とも言う。

▶**リーチ**
ボールに届く範囲。ネットプレーでの届く範囲を言うことが多い。

▶**リバース**
ボールに左回転を与えること。

中堀成生(なかほり・しげお)

1971年11月15日生まれ。兵庫県出身。香川西高、中央大学、実業団のNTT西日本広島に所属し、キレのある正確なストロークと巧みな試合運び、勝負強さを発揮し数多のタイトルを獲得。1993年からナショナルチーム（日本代表）として世界を舞台に戦いつつ、国内大会では天皇杯（全日本選手権）優勝9回、全日本インドア優勝8回、全日本シングルス優勝6回を誇る。2011年に第一線を退いた。現在は、全日本男子ナショナルチームの監督として活動中。
著書：勝つ！ソフトテニス 最強トレーニング50 トップ選手が実践する練習メニュー

選手時代主要戦績
国際大会：1995世界選手権、2000アジア選手権、2001東アジア五輪国別対抗団体戦優勝。2001東アジア五輪ダブルス優勝。2004アジア選手権ミックスダブルス優勝。1999世界選手権ダブルス準優勝。1997東アジア五輪シングルス3位。2000アジア選手権ダブルス3位。2004東アジア五輪ダブルス3位
国内大会：天皇杯優勝9回、全日本シングルス優勝6回。全日本インドア優勝8回

撮 影 モ デ ル

堀 晃大
（ほり・こうだい）
1983年8月29日生まれ

舘越清将
（たてこし・きよまさ）
1983年9月9日生まれ

岩﨑 圭
（いわさき・けい）
1984年2月10日生まれ

水澤悠太
（みずさわ・ゆうた）
1984年4月16日生まれ

原 侑輝
（はら・ゆうき）
1984年4月16日生まれ

長江光一
（ながえ・こういち）
1987年10月28日生まれ

村上雄人
（むらかみ・ゆうと）
1988年9月9日生まれ

中本圭哉
（なかもと・けいや）
1989年10月25日生まれ

取材協力

NTT西日本ソフトテニスクラブ
日本のソフトテニス界をリードする、トップクラスの実力を誇る選手が多数所属。
日本で行われる主要大会で多くの優勝を勝ち取り、日本代表としても活躍している選手もいる。

STAFF

企画・編集	株式会社 多聞堂
取材・構成	小野哲史
撮影	高木昭彦
デザイン	田中図案室
取材協力	NTT西日本ソフトテニスクラブ
	日本ソフトテニス連盟

ソフトテニス 勝つ！ダブルス
試合を制する最強のテクニック50

2020年6月15日　第1版・第1刷発行

監修者	中堀 成生（なかほり しげお）
発行者	株式会社メイツユニバーサルコンテンツ
	（旧社名：メイツ出版株式会社）
	代表者　三渡 治
	〒102-0093 東京都千代田区平河町一丁目1-8
	TEL：03-5276-3050（編集・営業）
	03-5276-3052（注文専用）
	FAX：03-5276-3105
印　刷	株式会社厚徳社

ご意見・ご感想はホームページから承っております。
ウェブサイト https://www.mates-publishing.co.jp/

編集長：折居かおる　副編集長：堀明研斗　企画担当：千代　寧

※本書は2014年発行の『勝つダブルス！ソフトテニス　最強のポイント50』を元に加筆・修正を行っています。